KB043411

1.2초
찰나의 유혹

1.2초 찰나의 유혹

권영인·하대석 지음

혜화동

어떤 스토리가
좋은 스토리일까?

●

1.2초. 이 짧은 시간에 사람은 무엇을 할 수 있을까? 숨 한 번 쉬기에
도 짧은 시간에 할 수 있는 일이란 그리 많지 않다. 아니 거의 없다. 그
러나 우리는 매일매일 이 짧은 시간에 무언가를 하고 있다. 그것도 결
정과 선택이라는 매우 어려운 일을 말이다. 바로 페이스북, 인스타그
램, 카카오 스토리라는 콘텐츠 천국에서!

그 콘텐츠 천국에는 숫자를 세기 어려울 정도로 많은 이야기들이
끊임없이 올라온다. 유튜브에만 1분마다 400시간의 영상이 올라오
고, 전 세계 페이스북 이용자는 지난해 월평균 20억 명이 넘어섰다. 스
브스뉴스가 1년에 만든 콘텐츠가 2천 개에 달하니 숫자를 센다는 건
무의미한 일이다.

소비자에게는 천국이지만, 불행하게도 생산자에게는 지옥 같은

곳이다. 1.2초라는 찰나와도 같은 시간에 사람들은 콘텐츠를 볼지 말지를 결정한다. 이런 시장에서 살아남는 것이란 정말 쉬운 일이 아니다. 그래서 별별 잔기술들이 돌아다닌다. 해시태그를 몇 개 달면 좋다느니, 언제 업로드를 하는 게 유리하다느니, 총 글자 수는 몇 개를 넘어서는 안 된다느니….

SNS 사용자가 적었던 초기에는 그런 잔기술들이 효과가 있었다. 그래서 콘텐츠보다는 잔머리로 재미를 본 사람들도 있었다. 하지만 그 시대는 끝났다. 잔기술로 먹고 살기엔 좋은 콘텐츠들이 너무 많이 나오고 있다. 유익하고 재미있는 것만 봐도 시간이 부족한데 어설프게 낚시질을 했다가는 순식간에 차단, 삭제되는 게 지금이다. 경쟁은 심해졌지만 결국 좋은 이야기, 재미있는 이야기가 먹히는 시대로, 좋은 콘텐츠가 대접받는 시대로 옮겨 가고 있다.

'어떤 스토리가 과연 좋은 스토리인가?'

콘텐츠를 만드는 사람이나 홍보를 하는 사람에게 늘 따라다니는 질문이다. 그만큼 풀기 쉽지 않은 질문이기도 하다. 스브스뉴스를 만들면서도 이 물음에 대한 답을 찾기 위해 끊임없이 노력했고, 지금까지도 노력하고 있다. 그런데 여전히 그 답은 시원하게 나오지 않는다. 안타깝지만 앞으로도 그 질문은 운명처럼 계속 가져갈 수밖에 없을 것 같다.

좋은 스토리에 대한 이론적인 대답은 많다. 좋은 스토리란 무엇인지 분석한 연구 결과도 많이 있다. 스브스뉴스를 3~4년 만들면서 개인적으로 가진 답은 하나 있다. 그것은 '좋은 이야기란 다른 사람에게 전해 주고 싶은 이야기'라는 것이다.

인류가 의사소통을 할 수 있게 되면서부터 스토리는 이어져 왔다. 글이 없어도 그림으로 이야기를 나누었다. 사람이 이야기를 나누게 된 역사는 그만큼 오래됐다. 그런데 그 수많은 이야기 중에 좋은 스토리는 어떻게 됐나? 좋은 이야기는 사람들의 입과 입을 통해 생명을 이어 왔고, 글과 그림을 통해 사람들에게 퍼져 나갔다.

어릴 적 읽었던 동화책 가운데 언제 시작됐는지도 모르는 전래 동화들이 얼마나 많은가? 반대로 혼자만 좋아하는 이야기, 많은 사람들의 공감을 얻지 못한 이야기의 생명력은 오래가지 못한다. 우리 눈과 귀에 닿기도 전에 사라져 버린 이야기가 얼마나 많을지 가늠할 수도 없다. 누군가에게 들었던 이야기나 어디서 봤던 이야기 가운데 '이건 꼭 얘기해 줘야 해.'라는 생각이 든다면 그 이야기는 좋은 스토리이다.

다른 사람들에게 전해 주고 싶은 이야기가 돼야 하는 이유는 요즘 더욱 절실해졌다. 권력이 있거나 돈이 많은 소수의 사람들이 미디어를 갖고 있을 때와 달리 지금은 누구나, 언제나, 수많은 사람들과 이야기를 주고받을 수 있다. 인터넷과 SNS가 만들어 놓은 세상은 재주 있는 이야기꾼들에게 천국이 됐다.

온라인에서는 '이건 꼭 전해 줘야 해.'라는 생각이 들게 만드는 이야기가 순식간에 수백, 수천만 명에게 전달되는 일이 흔하게 벌어진다. 이야기를 들어 주는 사람도 가족과 친구뿐만이 아니라 얼굴 한 번

본 적 없는 '다른 사람들'이다. 이야기를 잘 하고, 이야기를 잘 만드는 사람이 배우나 가수 못지않은 유명인이 되기도 하고, 돈도 많이 버는 세상이 됐다.

다른 사람이 또 다른 누군가에게 전해 주고 싶게 만드는 이야기, 그 이야기를 만들기 위해 많은 사람들이 지금도 밤을 새워 가면서 일하고 있다. 그들의 무거운 짐을 단 한 줌이라도 덜어 줄 수 있기를 기대하며 이야기를 시작해 본다. 이 이야기는 부디 다른 사람들에게 전해 주고 싶은 이야기가 되기를 희망하면서….

Contents

CHAPTER 2

유혹할 상대는 누구인가 - 타깃 설정 ··· 하대석

CHAPTER 3

감정이 전해지게 하라 - 공감 스토리텔링 ··· 권영인

CHAPTER 4

거짓은 마음을 움직일 수 없다 – 진정성 ··· 하대석

CHAPTER 5

매력적인 콘텐츠를 만드는 노하우 ··· 권영인

CHAPTER 6

독자를 끌어당기는 SNS 글쓰기 ⋯ 하대석

SBS 스브스뉴스

스브스뉴스는 참신하고 젊은 감각의 카드뉴스와 영상을 만드는 모바일 전문 콘텐츠 제작소이다. 2015년 컨테이너 박스 같은 회의실에서 10명의 인턴과 1명의 작가 그리고 2명의 기자(권영인, 하대석), 이렇게 13명이 시작해서 현재 30여 명의 팀원이 제작에 참여하고 있다.

SBS의 별명으로 불리던 '스브스'를 브랜드화한 스브스뉴스는 SBS TV를 비롯해 16개 플랫폼에서 독자와 만나고 있다. 다양한 화제를 창의적으로 재구성해 모바일에 최적화된 형태로 제공하는데, 특히 젊은 세대들에게 큰 호응을 받으며 '공감 콘텐츠'의 선두주자로 불린다. 소셜 크라우드 펀딩인 '나도펀딩'과 연계한 공익 캠페인 콘텐츠로 공익적 역할을 수행하고 있다.

페이스북과 카카오 스토리, 유튜브 등 구독자 가입이 가능한 플랫폼에서 총 94만 명이 구독 중이고, 개별 콘텐츠는 50만~150만 명에게 노출되고 있다. 2015년에 관훈클럽의 관훈언론상과 온라인기자협회가 수여한 온라인저널리즘 대상, 여성가족부의 양성평등상을 받았고, 2016년에는 대한민국 국회 대상을 수상하며 영향력과 가치를 인정받았다.

CHAPTER 1

우리에게 주어진 시간은 단 1.2초

콘텐츠 소비 패러다임이
달라졌다

●

콘텐츠의 미래를 내다보는 건 쉬우면서 어려운 일이다. 앞으로 어떻게 변해 갈지 방향이 명확하다는 점에서 미래를 내다보는 것은 쉬운 일이다. 그러나 그 변화의 흐름 속에서 사람들의 취향을 정확하게 저격하는 매력적인 콘텐츠를 지속적으로 만드는 건 어려운 일이다.

미래는 과거를 돌아보면 의외로 쉽게 답이 나온다. 100년 전 정도로 돌아가 보자. 그때는 콘텐츠 종류도 별로 없었다. 게다가 콘텐츠를 만들어도 뿌릴 수 있는 곳이 신문, 라디오, TV 그리고 극장과 같은 오프라인 공연장뿐이었다.

당시는 소수의 생산자가 자본력을 앞세워 콘텐츠 시장을 장악하고 있던 때였다. TV 방송사 같은 콘텐츠 생산자가 플랫폼을 소유하고 있는 경우가 대부분이었다. 신문도 그랬고, 라디오도 그랬다. 플랫폼을 갖고 있는 사람이 콘텐츠를 생산하고 있으니 사람들의 기호는 별로 중요하지 않았다. 플랫폼사가 만드는 콘텐츠가 트렌드의 기준이었고, 사람들은 그 만들어진 기준에 따라 열광했다.

이런 패턴은 1990년대까지 이어졌다. 케이블 TV란 게 생겨나 콘텐츠를 만드는 사람은 많이 늘어났지만, 그래 봐야 채널이 10개 안팎이던 게 100개 남짓으로 늘어난 정도다. 그것도 대부분 같은 방송사가 채널을 4, 5개씩 더 늘려서 숫자가 늘어난 것이지 경쟁력 있는 신선한 채널이 생긴 것은 아니었다.

역시 이때도 소비자가 손에 리모컨은 쥐고 있었지만, 진정하게 콘텐츠를 주체적으로 소비하던 시대는 아니었다. 한 가지 주목할 만한 변화는 콘텐츠의 패러다임이 텍스트에서 영상으로 확실하게 넘어갔다는 것이다.

그러던 콘텐츠 시장에 드디어 혁명적 변화가 시작된다. 그 변화는 바로 인터넷이 가져왔다. 1990년대 중후반 느려 터진 PC 통신이었지만, 인터넷은 커뮤니티란 새로운 콘텐츠 소비 시장을 만들었다. 얼굴도 모르고, 어디 사는지도 모르고, 무슨 일을 하는지도 모르는 사람들이지만, 서로 기호가 비슷한 사람들끼리 뭉칠 수 있는 공간이 생겼다.

말 한마디 주고받으려면 두어 번 통신이 끊어지는 답답함과, 한참 대화에 물이 올랐을 때 갑자기 접속이 끊어지는 울화통 터지는 순간을 참아 내야 했지만, 사람들이 커뮤니티를 떠나지 않았던 것은 관심사가 같은 사람들끼리 대화를 나누고 정보를 주고받는 재미를 알았기 때문이다. 조악하고 거칠었지만, 인터넷 커뮤니티란 공간은 콘텐츠 소비 패러다임을 바꾸는 거대한 변혁의 물길이 시작된 곳이었다.

동창생을 이어 주는 커뮤니티 서비스가 대박을 쳤다. 그 커뮤니티 서비스를 통해 연락이 끊어졌던 수십, 수백만 명의 동창생들이 재회를 했다. 이 서비스는 인터넷이 가져온 가장 큰 변화로 꼽힌다. 누구도 마음 맞는 사람들끼리 삼삼오오 모여 만든 커뮤니티가 그렇게 큰 변화를 이끌어 낼 줄은 예상하지 못했다.

지금은 모바일의 시대다. 스마트폰이 없어서는 안 될 매체가 된지 이미 오래다. 아직 각종 조사에서는 TV가 높은 순위를 차지하고 있지만, 10대, 20대에게는 이미 오래 전에 스마트폰에게 자리를 내줬고, 이제 곧 40대들도 스마트폰을 가장 필요한 매체로 선택할 것이다.

스마트폰이 대세가 된 요즘, 콘텐츠의 소비 패러다임은 어떻게 변했을까? 간단하게 말하면 콘텐츠 소비의 진정한 민주화 시대가 찾아왔다. 스마트폰이 있기 전까지 다시 말하면 스티브 잡스가 아이폰을 내놓기 전까지는 그래도 콘텐츠는 생산자가 시장의 패러다임을 쥐고 있던 시대였다. 소수의 영향력 있는 콘텐츠 생산자가 다수의 소비자 기호를 좌지우지했다.

인터넷 덕분에 TV로 본방 사수를 하지 않더라도 콘텐츠를 소비할 수 있는 길이 열렸고, 자신들의 커뮤니티에서 기호에 맞는 콘텐츠만 골라서 볼 수 있다. 그러나 PC라는 기계 특성상 무언가를 소비하려면 컴퓨터 앞에 앉아서 모니터를 지켜봐야만 했다. 어찌됐든 별도의 시간을 내어서 몸을 움직여 가며 컴퓨터 앞에 앉는 수고를 들여야만 콘텐츠를 소비할 수가 있었다.

콘텐츠를 소비하는 최종 화면이 TV에서 컴퓨터 모니터로 바뀌었고, 거실에서 내 방으로 바뀌었을 뿐 실질적으로 콘텐츠를 소비하는 패턴은 PC 이용이나 TV 시청이나 크게 다르지 않았다. 단지 공개된 거실에서 같이 보느냐, 아니면 밀폐된 내 방에서 혼자 조용하게 보느냐 그 차이뿐이다.

그러나 모바일은 달랐다. 내가 무언가를 소비하기 위해서 일부러 수고스러움을 감수할 필요가 전혀 없다. 그저 손가락 몇 번만 까딱하면 된다. 시간도 내가 보고 싶을 때 바로 볼 수 있다. 손에 쥐고 있는 스마트폰만 있으면 원하는 콘텐츠를 배부르게 이용할 수 있다. 방송국이 열심히 짜놓은 본방 편성표는 시청자는 기억할 필요 없는 방송 종사자들만의 계획표가 됐고, 신문사들이 고심해서 짜내는 지면 계획도 그들만의 전략이 됐다.

콘텐츠를 소비하는 시간과 소비하고 싶은 콘텐츠의 종류, 이 모든 게 이제 소비자가 진정한 결정권을 갖게 되는 시대로 접어들었다. 내가 보고 싶은 걸, 내가 보고 싶을 때 보는 시대가 된 것이다. 바로 스티브 잡스와 마크 저커버그의 도움으로!

스마트폰은 언제 어디서든 콘텐츠를 소비할 수 있는 소비자 주권 시대의 길을 터 주었다. 페이스북과 같은 플랫폼들은 가파르게 진화하고 있는 기술로 내가 보고 싶은 걸 어찌 그리 잘 아는지 딱딱 내 눈앞에 갖다 준다.

　콘텐츠 소비의 진정한 민주화 시대가 왔다는 말이 이 말이다. 그 동안 소비의 주체였던 일반인들이 매우 적극적으로 콘텐츠를 골라 보는 시대가 됐다. 내 입맛에 맞지 않는 콘텐츠를 굳이 귀한 시간을 써 가면서 볼 이유가 전혀 없다. 내가 좋아하는 콘텐츠만 보기에도 요즘 사람들의 24시간은 너무 짧다.

　잘 나가던 TV 방송사들도 난리가 났다. 이미 오래 전에 시작된 변화이긴 하지만, 이제는 변화의 속도가 당혹스러울 정도로 빠르다. 웬만큼 잘 만들면 TV 앞으로 찾아와서 보든지 아니면 재방송을 보든지 아니면 인터넷으로 '불펌'이라도 해서 다운로드 받아 보던 사람들이 급격하게 줄어들고 있다.

　TV 방송은 브로드캐스팅(BROADCASTING)으로도 불린다. 서비스가 'BROAD(넓은)'하다는 이야기이다. 원래는 지리적인 개념으로 특정한 곳에서 볼 수 있는 게 아니라 어디를 가든 볼 수 있다는 뜻이었다. 그러나 콘텐츠의 콘셉트를 두고 보면 10대가 봐도 되고 20대가 봐도 되고 50대, 60대가 볼 수도 있는 게 BROAD한 것이다. TV 콘텐츠가 그랬다. 수십 년간 콘텐츠 시장의 패러다임을 장악하고 있던 TV 콘텐츠의 핵심은 BROAD였다.

　지금 치명적인 약점이 바로 그 부분이다. 한 시대를 풍미했던 BROAD 서비스는 전 사회를 장악할 수 있을 정도의 막강한 콘텐츠 파워를 만들어 냈지만, 스마트폰으로 대표되는 시대, 콘텐츠 소비가 민주화된 시대는 누군가에게 독점되는 시대가 아니다. BROAD한 서너 개의 콘텐츠가 시장을 장악하는 시대는 끝났다.

수백, 수천, 수만 개의 콘텐츠가 사람들의 기호에 맞춰 쏟아져 나오고 있다. 내가 무엇을 좋아하고 무엇을 싫어하는지 TV는 몰라도 페이스북과 유튜브의 알고리즘은 정확하게 안다. 그것도 매일 축적되는 데이터와 진화하는 알고리즘으로 그들의 추천 방식은 점점 정교해지고 있다. 지금은 내 개인적인 선호도와 관심사에 기반을 두어 큐레이션(curation)을 해 주고 있지만, 앞으로는 시간에 따라 혹은 최근 경험에 따라 콘텐츠를 구분해서 내 앞에 가져다 놓을지도 모른다.

그 배경에는 1인 방송의 유행이 자리를 잡고 있다. 편당 수천만 원이 들어간 블록버스터급 BROAD한 프로그램보다도 회당 10만 원도 들어가지 않는 개인 방송이 훨씬 소비자들의 구미를 당긴다. 소비자는 자신이 관심이 있고 궁금한 내용을 자세하고 재미있고, 직접적으로 풀어 주는 유튜버들이 수백, 수천만 원의 출연료를 받는 셀럽들보다 훨씬 더 매력 있다.

더 무서운 건 10대들의 소비 패턴이다. 그들은 이미 TV를 떠난 지 오래됐다. TV가 없어도 하나도 불편하지 않다. 이미 그들에겐 좋아하는 유튜버와 유튜브 채널 리스트가 완성이 돼 있다. 그들이 20대, 30대가 된다고 해서 소비 패턴이 과연 변할 것인가? 장담하건대 그들의 소비 패턴은 크게 바뀌지 않을 것이다. 그렇다면 10년, 20년 후의 콘텐츠 시장 패러다임은 어떻게 바뀌어 있을지는 굳이 전문가의 식견을 빌리지 않더라도 예견할 수 있다.

　내가 싫은 걸 굳이 볼 필요를 느끼지 못하는 게 요즘 사람들이다. "이거 중요하니까 꼭 봐야 합니다.", "이거 재미있으니까 꼭 보세요." 라고 콘텐츠 소비를 강요받는 순간 그게 실제로 중요하고 재미있고를 떠나 소비자들의 마음은 대부분 닫힌다. 돈을 얼마나 많이 쓰고, 유명한 사람이 얼마나 많이 나왔는지는 별로 중요하지 않다. 왜냐하면 별로 보고 싶지 않기 때문이다.

　하지만 소비자가 보고 싶은 리스트에 들어가는 순간 사람들의 소비 선호도는 매우 강력하게 작용한다. 소비자의 의지가 반영되기도 하지만, 인공지능으로 무장된 플랫폼들이 소비자가 좋아한다고 적극적인 소비 의사를 표현한 콘텐츠는 줄기차게 소비자 앞에 풀어 준다. 그렇기 때문에 소비자의 의지와 인공지능의 알고리즘이 결합한 콘텐츠 소비 패턴은 한번 자리를 잡으면 쉽게 바뀌지 않는다.

　지난 미국 대선에서 페이스북의 뉴스 추천 알고리즘이 문제가 된 적이 있다. 사람들이 무슨 뉴스를 좋아하는지 분석해서 추천하는 페이스북의 알고리즘이 사람들이 보고 싶은 뉴스만 보여 주었기 때문이다. 사실에 부합하는 정보나 객관적으로 중요한 정도가 아니라 소비자가 좋아하는 정보만 타임라인에 집중적으로 띄워 페이스북이 다양하고 건강한 정보를 보는 행위를 원천적으로 차단한다는 비난을 받았다.

　가짜 뉴스 양산도 같은 맥락이다. 객관적인 검증을 거쳤지만 심심한 기사보다는 내가 지지하는 후보에게 유리한 기사를 더 선호하고 결과적으로 더 많이 소비한다.

이런 비난에도 불구하고 콘텐츠 소비의 개인화는 더욱 빠른 속도로 진화할 것이다. 스마트폰 하나만으로도 콘텐츠 소비의 민주화 시대가 열렸는데, 각종 웨어러블 기기에 스마트폰과 맞먹는 콘텐츠 소비 기능들이 탑재되면 어떻게 될까?

게다가 스마트폰이 사라질 정도의 혁명적인 수단이 나올지도 모른다. 아니 시간의 문제일 뿐이시 결국 주머니나 손에 아무것도 들고 다니지 않는 수준의 편리함을 갖추면서도 스마트폰 수준의 기능을 수행할 디바이스가 나타날 것이라고 확신한다. 요즘 인공지능 스피커들이 사람의 말을 알아듣는 수준이 높아지는 속도를 보면 그 날도 별로 멀지 않은 것 같다.

SNS는
얼마나 센가?

●

근본적인 질문을 다시 한 번 던져 보자. 도대체 왜 SNS인가? 답은 간단하다. SNS가 돈이 되기 때문이다. 그냥 재미있는 콘텐츠를 만들어서 SNS에 올렸을 뿐인데 돈이 따라오는 시대다. 잘하면 큰돈까지도 벌 수 있다.

지난 2015년에 스브스뉴스는 카드뉴스 하나를 만들었다. 선천적인 질환 때문에 다리가 퉁퉁 붓고, 피부가 딱딱해져 '코끼리 아빠'로 불리는 한 남자의 스토리였다. 그는 제 한 몸 가누기도 쉽지 않았지만, 힘겹게 가정을 꾸려 가는 가장이었다.

조금이나마 그에게 도움이 되었으면 하는 바람으로 복지 단체와 손잡고 후원 계좌도 만들었다. 카드뉴스 제일 끝에 돕고 싶은 분들은 후원해 달라는 공지를 적었다.

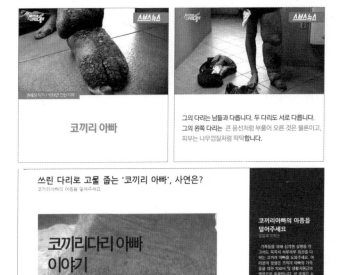

카드뉴스 〈코끼리 아빠〉 (2015년 6월, 박대연 인턴)

지금이야 모바일 결제 시스템이 발전해 있지만, 그때는 후원하려면 카드뉴스에 적힌 계좌 정보를 따로 옮겨 적고, 은행 사이트에 들어가서 계좌 이체를 해야 하는 불편한 구조였다. 이런 초보적인 후원 시스템으로는 사람들이 불편해서 후원금이 많이 모이진 않을 거라 생각했다. 게다가 당시만 하더라도 우리나라 페이스북이 지금처럼 활성화

되지 않은 때였다.

과연 모금은 얼마나 됐을까? 그 카드뉴스 수만 명이 '좋아요'를 눌렀고, 백만 명이 넘는 사람들에게 퍼져 나갔다. 불편한 시스템인데도 불구하고 한 달 만에 1억 원이 넘는 후원금이 모였다.

1년 뒤에는 영상 콘텐츠를 하나 만들었다. 이번 주인공은 신경섬유종이란 선천적인 질환을 앓고 있어 안타깝게도 얼굴이 많이 상한 여성이었다. 카드뉴스보다 더 감성적인 동영상으로 제작해 크라우드 펀딩 프로젝트를 진행했다.

5분짜리 영상 한 편을 만들었을 뿐인데, 놀랍게도 이 영상으로 사흘 만에 10억 원이 후원 계좌로 모였다. 대한민국 크라우드 펀딩 사상 최단 기간, 최고액 기록을 갈아 치운 콘텐츠였다.

원래 계획은 한 달 동안 모금을 진행할 예정이었다. 그런데 너무 많은 돈이 갑자기 몰려와 전문가에게 물었더니 특정인에게 지나치게 많은 금액이 후원되는 것은 형평성에 맞지 않는다는 의견을 줘서 사흘 만에 운영을 중단했다. 물론 그 후원금은 전문 후원 기관이 허투루 쓰이지 않도록 잘 운영하고 있다.

SNS에 콘텐츠를 만들어서 올렸을 뿐인데 사람들은 그 스토리에 감동을 받고, 후원이라는 직접 행동까지 선택을 한 것이다.

스브스뉴스만 그럴까? 절대 그렇지 않다. 아시다시피 유튜버, MCN(Multi Channel Network)은 이제 매우 흔한 용어가 됐다. 회당 수십만 조회 정도를 기록하는 유튜버의 수입은 웬만한 직장인하고 비교가

카드뉴스 〈심현희 씨 돕기 크라우드 펀딩〉 (이슬기 차장, 이은재 에디터)

되지 않는다. 회당 수백만 조회를 기록하는 유튜버는 어떨까? 그냥 작은 회사 수준이라고 생각해도 된다.

유튜브만 이런 시장이 있는 게 아니라 페이스북, 인스타그램도 그 속에서 돈을 버는 사람들이 수없이 많다. 요즘 초등학생 장래 희망 조사에 공무원, 의사, 과학자보다 높은 위치에 있는 직업이 크리에이터라고 한다. SNS가 초등학생들 꿈까지 바꿔 놓은 것이다.

돈뿐만이 아니다. SNS는 한 나라의 정치를 들었다 놨다 하기도 하고, 세상에 없던 정책을 만들어 내기도 한다. 오죽했으면 대통령 선거를 앞두고 SNS에서 세력이 밀린다고 정부가 군인들을 투입해 SNS 여론전을 불법으로 펼쳤을까.

한 달이면
영상 1억 개

●

1378. 2016년 한 해 동안 스브스뉴스 홈페이지에 올라간 콘텐츠 개수이다. 이것 말고도 매일 한두 개씩 페이스북과 유튜브에서 라이브 방송을 했으니 그것까지 더하면 2000개는 족히 넘겠다. 하루 평균 6개정도 만든 셈이다.

하나하나 정성을 안 들인 콘텐츠가 없지만 페이스북 평균 도달 범위는 게시물 한 개당 25만 명 안팎이다. 마음 같아선 매번 수백만 명이 보는 인기 콘텐츠를 만들고 싶지만 사람들의 취향을 정확하게 저격하는 것은 정말 쉽지 않다.

SBS 뉴스가 운영하는 주요 계정은 스브스뉴스만 있는 게 아니다. 메인 계정인 SBS 뉴스가 있고, 동영상 뉴스의 강자 비디오머그도 있다. 이 3개의 페이스북 뉴스 계정에서 일주일에 과연 몇 개의 콘텐츠가 올라갈까? 생각보다 많다. 모두 3백 개가 넘는다. 1년이면 2만 개 쯤 된다. SBS 뉴스 패밀리 페이스북 계정에서만 1년에 2만 개의 뉴스 콘텐츠가 올라가고 있다.

대한민국 웬만한 언론사는 SNS 계정을 운영하지 않는 곳이 없다. 콘텐츠의 품질과 상관없이 올라가는 양만 놓고 봤을 때 대부분 SBS와 크게 다르지 않다. 언론사만 있는 게 아니다. 크고 작은 회사는 물론 부하 직원 한 병 없어도 목숨을 걸고 콘텐츠를 만들어 SNS에 올리는 1인 크리에이터나 마케터도 수두룩하다.

1분마다 평균 300시간이 넘는 동영상이 세계 곳곳에서 유튜브로 올라가고 있고, 페이스북에서는 한 달에 1억 개가 넘는 동영상이 올라가고 있다(2016년, 페이스북 코리아 발표 자료). 조사하는 곳에 따라 조금씩 달라지긴 하지만, 사람들이 하루에 페이스북에서 보내는 시간은 보통 30분에서 한 시간 사이다. 유튜브도 세대에 따라서 달라지긴 하지만 10대나 20대는 매일 한 시간 정도 시간을 보내는 것으로 집계된다(2017년, 닐슨코리아클릭 발표 자료). 과연 그 시간에 사람들은 몇 개의 콘텐츠를 소화할 수 있을까?

이미 콘텐츠 시장은 꽉 들어찰 대로 들어차서 비집고 들어갈 틈이 거의 없는 상태가 됐다. 그런데도 콘텐츠는 끊임없이 이 시장으로 몰려들고 있다. 과거보다 훨씬 더 거센 속도로 말이다.

지난 2015년 스브스뉴스를 만들었을 때, 당시 페이스북에서 꽤나 인기를 끌고 있던 페이지가 몇 개 있었다. 그들의 인기를 어떻게 하면

반의반만큼이라도 따라갈 수 있을까 고민했다. 내 눈에는 정말 대충 만든 콘텐츠 같은데도 올리기만 하면 좋아요 만 개는 기본으로 깔았다. '약 빨았다' 소리 한 번 듣고 싶어서 몰래 '드립'을 흉내 내기도 해 보고, 처음 보는 '짤'을 따라서 써 보기도 했다. 그렇지만 그들의 인기를 따라가는 건 불가능했다.

그리고 2년이 지났다. 대한민국 모바일 콘텐츠 시장에서는 적수가 없을 것 같았던 그 페이지들은 그 사이 어떻게 됐을까? 몇몇은 소리 소문도 없이 사라졌고, 이름을 유지하고 있는 몇몇은 과거의 인기를 잃어버린 지 오래다. 살아남은 그 몇몇은 지금도 과거와 다름없이 열심히 하고 있다. 아니 더 예쁘고 더 재미있게 만들고 있다.

그런데도 화려했던 과거의 영광은 다시 누리지 못하고 있다. 앞으로도 과거의 영광을 되찾는 건 어려울 것 같다. 이유는 간단하다. 너무 많은 적수들이 나타났고, 너무 좋은 콘텐츠들이 나타났다. 그 덕분에 사람들은 페이스북이나 유튜브만 있어도 하루 종일 심심하지 않게 시간을 보낼 수 있다.

좀 인기 있다 싶으면 유사품이 나오는 시간도 무지막지하게 짧다. 지난 2014년 여름, 스브스뉴스에서 카드뉴스라는 이름을 처음 썼다. 지금은 언론사는 물론이고 웬만한 마케팅 회사들은 죄다 카드뉴스를 만들고 있다.

네이버 모바일 뉴스 메인에는 카드뉴스라는 섹션이 따로 생겼고, 카드뉴스를 쉽게 제작할 수 있는 템플릿 제품까지 나왔다. 그때 상표

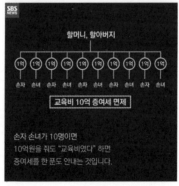

카드뉴스 〈할아버지는 1억원 없어요?〉 (2014년 8월)

라도 등록해 둘 걸 하는 쓸데없는 생각이 들 때도 있지만, 콘텐츠 제작자로서 유행을 한 번 만들었다는 건 앞으로 두고두고 쓸 술자리 안줏거리가 생긴 거니 영광으로 생각한다.

카드뉴스를 유행시키고 나름 재미를 좀 봤지만 지금은 어떠한가. 유행이 시작된 지 2년이 되기도 전에 카드뉴스는 매우 익숙한 상품이 됐다. 네이버 모바일 뉴스 메인 섹션에서도 사라졌다(2017년에 메인뉴스 이력이라는 탭으로 변경됨). 카드뉴스는 이젠 그냥 한 장르일 뿐이다.

모바일은 콘텐츠 제작자에겐 열린 플랫폼이다. 플랫폼 사업자가 유통 독점권을 갖는 콘텐츠나, 억 단위의 큰돈이 들어가는 콘텐츠가 아닌 이상 원조보다 훨씬 더 잘 만들고 재미있는 아류가 나오는 데 별로 오랜 시간이 걸리지 않는다. 좀 맛있던 과자가 나오면 이름만 살짝 바꾼 비슷한 과자들이 대형 마트 판매대에 금세 깔리는 걸 보면 이해하기 쉬울 것이다.

이렇게 유사한 많은 콘텐츠가 쏟아져 나오니 콘텐츠를 기억하는 기간도 상당히 짧아지고 있다. 그도 그럴 것이 과거보다 보고, 읽고, 듣고 있는 것들이 훨씬 많아졌다. 스마트폰이 나오기 전에는 버스나 지하철에서 서로 이야기하거나, 혼자 멍하니 창밖을 바라보거나, 음악을 듣거나, 간혹 책을 보는 사람들이 대부분이었다. 지금은 그 사람들 모두 스마트폰에서 콘텐츠 소비하고 있다. 그것도 매우 열심히!

콘텐츠는 과거와 비교해 더 열심히 소비가 되고 있지만, 역설적으로 정작 사람들의 기억에 저장되고 회자되는 콘텐츠가 되긴 점점 더 어려워지고 있다.

질문 하나 던져 본다. 혹시 딱 일주일 전 오늘 아침, 점심, 저녁 중 무엇을 먹었는지 기억하는 끼니가 있는가? 다행히 한 끼라도 인증샷을 남겨 놨다면 기억을 되살려 낼 수는 있겠다.

좀 더 쉬운 질문을 하자면, 2016년에 올림픽이 열렸다는 사실을 기억하는가? 혹시 기억한다면 어디서 열렸는지 알고 있는가? 브라질 리우데자네이루였다. 아마도 기억한다면 펜싱 금메달리스트의 "할 수 있다, 할 수 있다, 할 수 있다." 이 장면 덕이 클 것이다. 그러나 그 선수의 이름은 이미 기억 속에서 사라져 있을 것이다. 그 선수의 이름은 박상영이다.

페이스북의 경쟁자는
넷플릭스

●

대한민국 국민들이 매체를 이용하는 하루 평균 시간은 얼마일까?
2015년 정보통신정책연구원에 따르면 6시간 42분이라고 한다. 해마
다 조금씩 오르내리지만 대략 6시간 정도다. 하루 24시간 중에 6시간
정도는 매체를 이용한다는 뜻이다. 매체에는 TV, PC, 휴대전화, 신문
등이 포함된다.

매체별로 따져 보면 이 조사에서는 아직 TV가 앞서 있긴 하지만,
나이를 따지지 않은 평균치일 뿐이다. 10대나 20대는 이미 모바일이
역전했다는 통계자료도 많다. 모바일이 앞서가는 건 그냥 시간문제일
뿐이다.

여기서 중요한 건 사람들이 하루에 콘텐츠를 소비하기 위해 6시
간 정도를 쓴다는 것이다. 잠자는 시간 6~8시간, 세 끼 밥 먹는 시간

2~3시간, 일하거나 공부하는 시간 6~8시간 정도 빼고 나면 남는 시간이 대략 6시간 안팎 나온다.

콘텐츠 소비는 매체를 통해 이뤄지는 것이다 보니 모든 콘텐츠 제공자는 그 6시간을 두고 사활을 건 싸움을 매일매일 하고 있다. 그 하루 6시간에는 영화를 보는 시간, 드라마나 예능 프로그램을 보는 시간, SNS 하는 시간, 뉴스를 보는 시간이 다 포함돼 있다.

영화와 뉴스가 부슨 경생사냐고 생각하겠지만, 사람들의 시간을 쪼개 써야 하는 입장에선 똑같은 경쟁자다. 누군가가 하루 영화 두 편을 보고 나면 홈쇼핑이든, 드라마든, 뉴스든, 포털 사이트든 그 사람의 하루를 비집고 들어갈 틈은 매우 좁아진다.

아무리 잘 만들고 훌륭한 콘텐츠라고 해도 사람들이 보지 않으면 끝이다. 사람들의 멀티태스킹 능력이 점점 진화하는 건 다행이라고 해야 할지 모르겠지만, 사람들의 시간을 뺏기 위한 콘텐츠는 어마어마하게 늘어나고 있다.

게다가 뛰어난 개발자들 덕분에 사람들의 취향을 파악해서 추천하는 서비스도 엄청난 속도로 진화했다. 알파고가 인간들을 격파하면서 충격을 주었던 인공지능 기술은 개인 추천 알고리즘 진화 속도를 더욱 올리고 있다.

TV와 라디오, 종이가 전부인 시절에는 몇 개 안 되는 콘텐츠 제공자들이 만들어 주는 콘텐츠를 수동적으로 받아서 봐야 했다. 지금은 다르다. 내가 좋아하는 것들을 똑똑하게 찾아내서 바로 내 앞에 친절

우리에게 주어진 시간은 단 1.2초

하고 빠르게 갖다 주는 플랫폼들이 점점 늘어나고 있다.

또 그 변화를 잘 꿰뚫고 있는 똑똑한 소규모 콘텐츠 제작자들도 급속도로 늘어나고 있다. 1인 미디어 전성시대가 찾아온 것도 바로 그런 배경 때문이다. 하루에 TV 1분, 신문 한 글자를 보지 않아도 얼마든지 유튜브와 페이스북으로 세상 소식을 접하고, 재미있게 콘텐츠를 소비할 수 있는 시대가 왔다.

10억 명이 넘는 가입자를 갖고 있는 세계 1등 SNS 페이스북이 부러워하는 회사가 구글이 아니라 넷플릭스라고 하는 이야기가 그런 이유 때문이다. 1분짜리 영상도 길다고 짧을수록 좋다는 게 마케팅의 법칙으로 자리 잡고 있는 곳이 페이스북 생태계이다. 하지만 넷플릭스라는 공간에서는 60분짜리 동영상 한 편도 모자라 한 시리즈를 며칠 동안 수십 시간을 보내며 이어서 보곤 한다. 넷플릭스를 하면서 페이스북도 이용하겠지만, 사람들의 6시간을 나눠 먹어야 하는 싸움에선 넷플릭스가 페이스북에 결코 경쟁력이 뒤지는 사업자가 아니다.

기존 뉴스와 차별화된 콘텐츠를 제공하겠다고 시작한 스브스뉴스도 마찬가지다. 스낵 콘텐츠 제작자도 경쟁자이고, 웹드라마 제작자도 경쟁자이고, 웹툰 제작자도 경쟁자다. 사람들의 선택을 받기 위해 스브스뉴스도 치열하게 싸울 수밖에 없다.

1. 2초 안에
사로잡아라

스브스뉴스가 운영하는 SNS 중에 페이스북이 가장 많은 바이럴(viral)을 내고 있다. 대기업들처럼 돈을 들여 페이지 좋아요 늘리기 광고를 하지 않았지만, 지속적으로 페이스북이 입소문의 진원지가 되고 있다.

페이스북에서 스브스뉴스 영상을 10초 이상 시청한 사람들의 비율은 전체 시청자 중 절반이 안 된다. 길이가 긴 영상이든 짧은 영상이든 상관없이 10초가 넘어가기 전에 급격히 떠나간다. 콘텐츠마다 조금씩 차이가 있지만 스브스뉴스 기준으로 50% 정도가 10초 안에 떠나간다. 좀 더 냉정하게 말하면 3초 안에 많은 사람들이 떠나간다.

동영상 시청자 수 그래프를 살펴보면 1초부터 3초까지가 가장 가파르게 떨어진다. 영상을 볼지 말지를 결정하는 데 3초 이상 쓰지 않는 사람들이 많다는 것이다. 그 때문인지 페이스북 동영상 광고 집행

기준 중에 '3초 이상 시청'이 항목으로 잡혀 있다.

2017년 페이스북이 밝힌 동영상 전체 평균 시청 시간은 16.7초라고 한다. 어찌 보면 16.7초란 그리 짧은 시간은 아니다. TV 광고가 기본 15초임을 감안하면 웬만한 이야기는 압축적으로 전달할 수도 있는 시간이기도 하다. 그러나 16.7초란 평균 시청 시간은 1시간짜리, 10분짜리, 1분짜리 동영상이 모두 포함돼 만들어진 평균치임을 잊어선 안 된다.

왜 이렇게 짧게 보고 떠나는지는 그리 복잡하게 생각할 필요 없다. 지하철이나 버스 안에서 사람들이 페이스북 타임라인을 이용하는 모습을 떠올려 보면 된다. 엄지손가락 하나로 스마트폰 화면을 획획 올려 가면서 타임라인에 있는 콘텐츠를 넘겨 보는 속도에 답이 있다.

한 콘텐츠를 지켜보는 데 도대체 얼마나 시간을 소비할까? 바쁠 때는 손가락질 한 번에 콘텐츠 2~3개가 날아가 버린다. 그 결과 스마

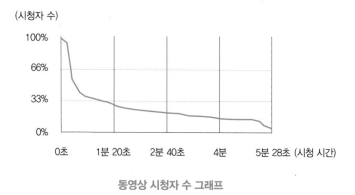

동영상 시청자 수 그래프

트폰에서 페이스북 타임라인을 스크롤 하는 시간은 PC보다 41%나 빨라졌다.

페이스북 타임라인에서 사람들이 어떻게 콘텐츠를 소비하는지 간단한 실험을 해 봤다. 스브스뉴스 인턴과 에디터들을 대상으로 평소 하던 대로 페이스북에서 콘텐츠를 보도록 했다. 그들에게는 어떤 실험을 하는지 사전에 설명하진 않았다.

100초 동안 과연 몇 개를 넘겨 보는지 살펴봤다. 사람마다 보는 습관의 차이가 있어서 스크롤 하는 속도는 제각각이었다. 관찰 당시 흥미로운 콘텐츠가 상대적으로 많고 적음에 따라서 결과가 달라질 수 있어서 일주일간 각각 다른 인턴과 에디터를 상대로 관찰했다. 모두 12명의 인턴과 에디터를 관찰했는데, 과연 결과는 어떻게 됐을까?

100초 동안 12명의 에디터가 본 평균 게시물은 20개였다. 1개당 5초를 소비한다는 이야기였다. 그런데 여기서 한 가지 주목할 부분이 있다. 20개를 모두 같은 시간을 들여서 보진 않았다. 관심 있게 본 콘텐츠는 많은 시간을 들였고, 그렇지 않은 콘텐츠는 그야말로 순식간에 사라졌다. 가장 많은 시간을 보낸 콘텐츠 3개를 제외했더니 나머지 17개 콘텐츠를 보는데 쓴 시간은 무섭게 줄어들었다.

100초 중 3개를 보는 데 보낸 시간은 50초 정도. 나머지 50초 동안 17개의 콘텐츠를 넘겨 봤다. 1개 당 겨우 3초 조금 넘게 썼단 이야기다. 오래 본 콘텐츠를 5개로 늘리면 1개당 보내는 시간은 2초가 채 되지 않았다. 상위 10개를 제외했더니 나머지 10개 콘텐츠의 평균 소비 시간은 1.2초로 뚝 떨어졌다.

1.2초! 1초가 조금 넘는 이 시간 안에 이용자의 눈을 사로잡지 못하면 타임라인에서 순식간에 사라져 버리는 운명을 맞게 되는 것이다. 완벽하게 변수를 통제하고 논문을 쓰듯 실험한 것은 아니다. 하지만 페이스북 사용자가 평균적으로 콘텐츠 소비를 결정하는 데 들이는 시간이 1~2초 사이라는 건 지나친 비약은 아니다. 그만큼 우리는 콘텐츠를 매우 빠르게 취사선택하는 데 익숙해져 있다.

그렇게 획획 넘겨 보는 습관이 일상적인 페이스북 타임라인에서 콘텐츠가 살아남으려면 어떻게 해야 할까. 내 취향에 맞는 콘텐츠는 지금 이 순간에도 쏟아져 나오고, 하루 24시간 중 6시간을 나눠 먹기 위해 거대 공룡 사업자부터 똑똑한 1인 미디어 크리에이터와 싸워야 한다. 이 전쟁터에서 1.2초란 시간은 무한 생존 경쟁의 승부를 가르는 치명적인 시간이다.

콘텐츠 형식도
전략이다

●

스브스뉴스의 이름을 알리게 된 건 누가 뭐라 해도 카드뉴스 덕분이다. 2014년 8월에 카드뉴스란 이름으로 콘텐츠를 만들기 시작한 것이 어찌 보면 2015년 스브스뉴스가 태어나게 된 배경이 아닌가 싶기도 하다.

처음 카드뉴스라는 이름을 붙여서 콘텐츠를 만들어 페이스북에 내놓을 때만 해도 모바일에 특화된 콘텐츠 제작자는 많지 않았다. 일부 선수라고 불리는 사람들이 있었지만, 지금에 와서 보면 그들도 썩 그리 대단한 선수는 아니었다. 물론 우리도 포함해서 말이다.

카드뉴스를 만들게 된 건 전적으로 페이스북 때문이다. 지금도 그렇지만 그때도 페이스북이 SNS에서 막강한 위력을 발휘하는 플랫폼이었다. 지금처럼 수많은 콘텐츠 제작자들이 뛰어들어 엄청난 양의 콘텐츠를 뿌려 대고 있진 않았지만, 당시에도 미디어로서의 역할을 당당하게 수행할 수 있을 정도로 많은 사람들이 들락거렸다.

그때 페이스북이 취했던 UI가 가로 슬라이드였다. 사진 한 장씩 올리는 사람들의 습관을 어떻게 하면 여러 장을 올리게 할 수 있을까 고민하던 페이스북이 사진을 여러 장을 한꺼번에 올리면 슬라이드 형태로 넘겨볼 수 있게 인터페이스를 약간 바꿨다. 사람들의 습관을 만들어 가고 있던 페이스북은 한 게시물에서 사진을 넘겨서 볼 수 있게 하는 습관을 또 만들고 있었다.

역시 빠른 건 마케터들이었다. 그것도 큰 회사 마케터들이 아니라 작은 아이디어로 반짝반짝 빛나는 작은 회사 마케터들이었다. 한 배달 업체가 슬라이드 형식을 이용해서 정보를 제공하고 있었다. 판매하는 제품의 사진과 그 제품의 정보를 붙여서 한 장의 광고 이미지를 만들고 그 이미지를 여러 개 올려서 제품과 정보를 슬라이딩 해 가면서 차례차례 볼 수 있도록 해 놓은 게시물이었다.

처음에는 그냥 그런가 보다 하고 넘겨봤는데, 어느 날 갑자기, 진짜 어느 날 갑자기 그 콘텐츠가 떠올랐다. 이미지와 정보의 결합은 단지 광고에서만 가능한 게 아니라 뉴스에서도 얼마든지 가능했다. 이미 TV 뉴스가 그러했다. TV 뉴스를 맥락이 이어지도록 잘 캡쳐해서 자막만 달아 줘도 그럴듯한 슬라이드형 콘텐츠가 나오겠다 싶었다.

시도는 매우 성공적이었다. 반응이 엄청나게 뜨거웠다. 내친김에 이름도 붙였다. 카드뉴스라고. 생긴 게 카드 같아서 붙인 이름이다. 개인적으로 모바일 컨텐츠는 직관적인 게 최고라는 신념을 갖고 있다.

카드뉴스가 성공하게 된 배경은 바로 플랫폼에 최적화된 콘텐츠였다는 점이다. 모바일 세상에서 소비의 기준과 패턴을 만들어 가는 게 어차피 구글과 네이버, 페이스북과 같은 플랫폼 회사들인데, 그들이 제시하는 기준을 효과적으로 사용해야 그 플랫폼 생태계에 가장 적합한 모델이 나온다. 페이스북이 밀고 있던 슬라이드형 콘텐츠를 뉴스와 접목 시킨 것이 주효했다.

또 하나 카드뉴스가 성공할 수 있었던 건 사람들의 콘텐츠 소비 패턴의 변화와도 맞물려 있다. 긴 글에 대한 거부감이 늘어나고 있고, 동영상 뉴스를 모바일로 보는 불편함이 있던 시대에 카드뉴스는 이미지와 텍스트가 적절하게 결합된 매우 보기 편하고 감각적인 콘텐츠로 젊은 세대들에게 다가갔다.

카드뉴스는 짧은 시간에 모바일로 슬라이딩 해 가면서 정보도 얻고 재미도 얻는 여러 가지 장점을 가지고 있는 형식이었다. 제작 방식도 어렵지 않아서 기존 뉴스 제작자는 물론이고 광고 제작자 그리고 일반인들까지도 카드뉴스를 제작했다. 덕분에 카드뉴스는 이름이 붙여진 지 1년도 채 안 되는 시간에 콘텐츠의 한 장르가 될 정도로 빠르게 확산하고 자리를 잡았다.

이제 카드뉴스는 2, 3년 전처럼 참신하거나 팬시한(fancy) 콘텐츠는 더 이상 아니다. 이제 그 자리는 매우 감각적인 동영상 콘텐츠들이 자리를 차지하고 있다. 카드뉴스와 비슷한 콘텐츠를 밀어주던 플랫폼

회사들도 동영상을 얻어 내기 위해 과거처럼 카드뉴스를 밀어주지도 않는다. 그러나 카드뉴스는 이제 콘텐츠의 한 장르가 됐다고 본다. 사라지는 것이 아니라 다양한 콘텐츠 형식 중 하나로 자리를 잡아서 여러 가지 형태로 진화 발전할 것이다.

꼰대는 곧 퇴출인
SNS 시장

●

한 달 동안 페이스북을 하는 사람이 대한민국에 몇 명이나 될까? 이걸 알 수 있는 MAU(Monthly Active User)라는 데이터가 있다. 페이스북이 자체 조사해 배포하는 통계라 100% 믿을 수 있는지는 장담할 순 없지만, 너무 크게 뻥튀기했다간 역풍을 세게 맞을 수 있어서 심하게 왜곡하진 못했을 것이다.

그 통계에 따르면 대한민국 MAU는 1600만 명이다. 이 숫자를 하루 평균으로 바꾼 게 DAU(Daily Active User)인데 이건 천만 명이라고 한다. 매일매일 대한민국 5000만 명 중에 1/5은 페이스북에서 게시물을 올리거나 보거나 댓글을 달거나 공유를 하고 있다는 이야기다. 전 세계로 확장하면 이 수치는 얼마나 될까? MAU는 무려 20억 명이나 된다.

다시 대한민국으로 돌아와서 보자. 천만 명이란 어마어마한 숫자가 놀랍긴 하지만, 가만히 보면 4/5는 페이스북을 안 한다는 이야기다. 페이스북 가입이 13세 이하는 제한돼 있어서 그 인구를 빼고 나면, 이론적으로 페이스북을 하지 않는 사람은 대한민국의 3/5 정도 된다.

스브스뉴스가 20대를 타깃으로 한 이유는 바로 여기서 나온다. 대한민국에서 페이스북을 매일 이용하는 천만 명 중에 13세에서 34세까지 이용자가 얼마나 될까? 70%가 넘는다. 해마다 40대, 50대 페이스북 이용자가 늘어나고 있지만, 전체 비중에서 30%를 아직 넘지 못한다. 여전히 밴드와 카카오 스토리 세계에 남아 계신 분들이 많다.

페이스북이라는 세계 안에 10대 후반, 20대, 30대 초반인 사람이 70%를 차지하고 있는데 이곳에서 40대, 50대를 위한 혹은 그 이상을 위한 콘텐츠를 만드는 건 심하게 말하면 바보 같은 짓이다. 30%도 되지 않는 그 사람들을 타깃으로 니치 마켓 전략(틈새시장 전략)을 선택하지 않았다면 젊은 세대를 타깃으로 한 콘텐츠 제작은 어찌 보면 당연한 선택이기도 하다. 압도적으로 가장 큰 소비자가 20대인 시장에서 20대를 공략하지 못하면 콘텐츠 경쟁에서 살아남는 건 불가능한 일이었다.

SBS 뉴스란 이름을 버리고 '스브스뉴스'라는 이름을 선택한 이유도 그 때문이다. 20대들이 SBS라고 잘 부르지 않는데 "우리가 SBS 뉴스입니다."라고 이야기하는 건 이른바 '꼰대' 같은 짓이기도 했다. "응 내가 말야, 이런 사람이거든.", "잘 모르겠지만, 나 이렇게 유명한 사람이야.", "너희들은 잘 모를 텐데 이거 정말 중요한 이야기니까 잘 들어야 해."라는 메시지를 20대에 던지는 건 '난 꼰대야'라는 메시지를 던지는 것과 별반 차이가 없다. 과연 그런 상품이 20대를 타깃으로 한 상품이 될 수 있을까. 꼰대로 규정되는 순간, '즉각 퇴출'의 운명을 면하기 어려울 것이다.

20대를 타깃으로 한 콘텐츠가 답이라면 페이스북이나 유튜브 안에 있는 20대는 어떤 사람들일까? 콘텐츠 소비자로서의 그들은 어떤 특징을 갖고 있을까? 상당히 많은 기준으로 그들의 소비 패턴을 분석하고 설명할 수 있겠지만, 스브스뉴스를 만들어 오면서 체감한 이들의 가장 큰 특징 중 하나는 콘텐츠 소비 패턴이 매우 빠르게 변한다는 것이다.

특정한 상품, 특정한 포맷, 특정한 인물이 관심을 확 끌어모아 팬덤을 형성하더라도 그 힘은 6개월을 넘기기 어렵다. 인기 상품이 된 경우라도 6개월 안에 새로운 상품, 새로운 포맷, 새로운 이야기를 내놓지 못하면 금세 거세게 달려오는 추격자들에게 팬덤을 내줘야 한다. 혼신을 다해 쌓은 인기지만 손님이 떠나는 건 정말 '금세'다.

빠르게 바뀌는 트렌드를 쫓아가면서 1.2초 안에 유혹해야 한다. 이것이 콘텐츠 세상에서 살아남는 법이다. 그렇다면 어떻게 그들을 유혹할까? 스브스뉴스를 만들며 경험으로 얻은 대중을 유혹할 수 있는 세 가지 포인트를 소개하겠다.

CHAPTER 2

유혹할 상대는 누구인가
- 타깃 설정

정글과도 같은
콘텐츠 세상

●

왠지 쉬워 보여 너도 나도 뛰어들지만 십중팔구는 망하는 게 있다. 음식 장사다. SBS 목동 사옥 건너편에 기자들이 자주 가는 지하상가가 있다. 10년 넘게 이곳을 다녔는데 가게 바뀜이 잦다. 자주 망하고 새 가게가 들어온다. 그렇게 망하면서 왜들 그렇게 먹는장사를 하려고 하는지 난 이해가 되지 않았다.

'나 같으면 정말 사람들이 좋아하는 메뉴를 잡아서 진짜 맛있게 정성스럽게 해서 꼭 성공할 텐데….'

손님의 입맛에만 맞추면 되는데 그걸 제대로 하는 가게는 손에 꼽을 만큼 적었다. 손님들은 맛이 없어도 카운터에서 직원이 "맛있게 드셨어요?"라고 물으면 "네."라고 답한다. 그리고 다시는 그 집에 가지 않는다.

종업원이 테이블 위를 대충 닦아도 나무라지 않는 점주, 간판의 LED 등 일부가 꺼져 있어도 내버려 두는 점주도 부지기수다. '그 정도는 손님들이 애교로 봐주겠지.'라고 생각하며 대충대충 넘어가는 거다. 왜 이렇게 손님 마음을 모를까? 답답했다.

그런데 그건 내가 할 소리가 아니었다. 어느 날 문득, 내가 망해 가는 음식점 사장만도 못하다는 엄청난 깨달음을 얻었다. 나도 똑같은 오류를 범하고 있었기 때문이다. 스스로에게 물어봤다.

'난 독자와 시청자의 마음을 제대로 이해하고 콘텐츠를 만들었나?'

아니었다. 독자가 시청자가 뭘 원하는지에 대해 추정만 할 뿐 물어보고 다닌 적이 없다. 그저 데스크와 부장의 의사를 물어보기 바빴다.

어찌 보면 내가 살아남아야 하는 온라인 콘텐츠 시장은 음식점 시장보다 훨씬 더 살벌한 곳이다. 진입 장벽이란 개념이 거의 없다. 누구나 쉽게 계정을 만들고 크리에이터가 될 수 있다. 평범한 고등학생이 금세 인기를 얻어 수십만 명의 팔로워를 보유하는 경우도 많다.

게다가 소비자들은 단 1초 만에 판단한다. 음식점 앞을 지나치며 들어갈지 말지 최소 5초 정도 고민하지만, 온라인 콘텐츠 시장에선 제목과 썸네일을 보고 1초 만에 볼지 말지 결정한다.

소비자의 부정적 피드백에도 더 쉽게 타격을 받는다. 음식점은 맛이 없어도 다음에 안 가야지라고 생각하고 계산하고 나온다. 맛없다고 인터넷에 글 올리는 사람은 극소수다. 하지만 온라인 콘텐츠는 부정적 피드백이 곧바로 달린다. 훨씬 예민하다. 내용에 대한 비판, 저자에 대한 공격까지 댓글에 바로바로 달린다. 빠져나갈 구멍이 없다.

손님을 위한다면서 왜 손님들은 만족 못 시키고 망하는 걸까? 망하는 음식점들을 보면서 속으로 했던 이 질문은 사실 온라인 콘텐츠를 제작하는 나에게 던져야 했던 질문이었다.

결국 실패 원인을 찾았다. '손님'에게 질문하길 귀찮아해서였다. 콘텐츠를 보는 손님들에게 이 콘텐츠가 '맛있는지 맛없는지' 제대로 물어보지 않았다. 피드백이 없으니 개선되지 않았다. 내부의 데스크와 부장에게만 질문하고, 진짜 손님인 20대들에겐 질문하지 않았다.

사실 이것이 기자들이 일하는 방식이다. 대한민국 어느 언론사나 마찬가지다. 기자들은 독자를 손님이라고 생각하지 않는다. 나는 그날부터 독자든 시청자든 손님이라고 생각하기로 했다. 그리고 손님의 기호에 맞추기로 했다.

그러나 온라인 콘텐츠 시장은 음식점 시장보다 소비자 기호가 더 빨리 변한다. '다이어트하려면 반드시 피해야 할 음식 10개' 등의 버즈피드식 리스티클(list와 article을 합친 용어로 리스트로 나열한 글을 의미)이 유행하다가 곧 수명을 다했고, 한때 번성했던 '꿀팁 아이템(유용한 정보 또는 요령)'도 금세 자취를 감췄다.

최신 트렌드를 파악하고 시류에 맞게 변신하지 않으면 살아남기 어렵다. 전력을 다해 손님에게 맞추겠다고 결심은 했지만 콘텐츠 세상은 전쟁터보다 더 살벌했다.

누구는 살리고
누구는 죽인다

●

미칠 노릇이었다. 트위터와 페이스북에 SBS 뉴스 한 꼭지를 올렸는데 네티즌 반응이 시큰둥했다. 웬만한 개인 유저가 올린 것보다도 싸늘했다. 당시는 2014년 초, 뉴미디어부로 막 발령받은 때였다.

전국에 방송되는 지상파 TV의 간판 뉴스 프로그램 〈SBS 8뉴스〉가 온라인으로 갔더니 왜 이렇게 반응이 저조한 걸까? 이해가 가지 않았다. TV에선 그렇게 멋지게 살아 움직이는 뉴스 영상이 SNS에선 싸늘하게 식어서 죽은 콘텐츠가 된 것처럼 보였다.

열심히 만들면 좋은 반응이 온다는 건 적어도 TV뉴스 플랫폼에선 상식이었다. 전력을 다한 뉴스는 전국을 떠들썩하게 하는 경우가 많았다. 하지만 온라인에선 달랐다. 반응이 좋아야만 트위터에서 리트윗돼 퍼지고, 페이스북에선 좋아요 알고리즘으로 퍼지고, 네이버에선 가장 많이 본 기사로 퍼진다. 반응이 좋지 않으면 죽은 것과 다름없었다. 정말 냉정한 곳이었다.

더욱 황당했던 건 SBS 뉴스 링크를 한 페북 유저가 자기 계정에 올렸는데 SBS 공식 페이스북 계정에 똑같은 내용을 올린 것보다 훨씬 많은 사람들이 좋아요를 눌렀다는 것. 그 유저는 "님들 이 뉴스 좀 봐봐. 개빡친다."라고 비속어로 격한 표현을 한 것으로 기억한다. 주인이 자기 집 앞마당에 올린 콘텐츠는 무관심 속에 사장됐는데, 그걸 그대로 가져가 한 개인이 '격한 비속어'로 되살린 것이었다. 당시로선 온라인 콘텐츠 시장은 내가 알던 상식이 통하지 않는 곳으로 느껴졌다.

SBS 뉴스만이 아니었다. KBS 뉴스와 MBC 뉴스의 공식 계정에 올린 뉴스 콘텐츠도 마찬가지로 별 반응이 없었다. 좀 심했다. 좋아요를 5개도 못 받은 게시물이 허다했다. 그런데 똑같은 뉴스의 링크를 일반 개인이 올리면서 '이 공무원 미친 거 아님?'이라고 한마디 달면 네티즌들은 더 격하게 반응했다. 어지러웠다. 정글과도 같은 이곳에서 어떻게 살아남아야 할지 눈앞이 캄캄했다.

이런 두려움 속에 정말 큰 교훈을 얻은 일이 하나 있다. 3개월간 매달려 '완전히 새로운 온라인 뉴스 서비스'를 개발한 적이 있다. 개발 스토리를 풀자면 이렇다. 2014년, 우리 부서 부장이 불씨를 당겼다. 월스트리트 저널의 삽화를 보여 주며 '개만 TV를 보는 시대'를 준비하자고 했다. "사람들이 점점 TV를 안 보는데 우리가 대안을 찾아야 한다."라는 부장의 외침에 가슴이 뛰었다.

당시 부장의 주문은 농담조로 "〈뉴욕타임스〉만큼만 새로운 거 만들어 봐."였다. 당시 세계 언론업계에서 가장 큰 관심을 모은 시도가 〈뉴욕타임스〉의 크로스미디어 '스노우폴(snowfall)'이었다. 신문이 지면의 한계에서 벗어나 웹 상에서 영상, 컴퓨터그래픽 등 다양한 요소를 활용한 '인터랙티브'한 콘텐츠를 만들었다는 평가를 받아 퓰리처상을 받은 작품이다. '신문의 미래'라는 예찬이 쏟아졌다.

그래서 우리도 스노우폴 같은 것, 뭔가 '미래지향적인 것'을 만들어 보기로 했다. TV뉴스 영상 위에 마치 구글 글라스 같은 것이 떠오르면서 부가 정보를 볼 수 있는 웹서비스를 말이다.

GARY HOVLAND

출처 「In Digital Era, What does 'Watching TV' EVEN MEAN」 (Wallstreet Journal, 2013 Oct.)

SBS 크로스미디어 〈스마트 리포트-모바일 30년〉

　　마침 국내에서 최초로 이동통신 전파를 송신한 지 정확히 30주년
되는 해였다. 우리는 모바일 30년 특집 뉴스를 제작하면서 이 뉴스를
온라인에선 '구글 글라스를 닮은 새로운 미래형 뉴스 서비스'로 즐길 수
있도록 기획했다. 화면 속 버튼을 누르면 순간 멈추면서 구글 글라스처
럼 유리판이 위로 떠올라 해당 부가 정보를 즐길 수 있는 서비스다.

　　이 작품으로 우린 사내에서 적잖은 관심을 받았고, 이달의 방송기
자상 전문보도 부문을 수상했다. 어깨가 으쓱했다. 당시 뉴미디어부
에서 상을 받는다는 것 자체가 이례적인 일이었기 때문이다. 사내 동
료들로부터 칭찬 세례를 받았다. 거나하게 회식도 했다. 하지만 거기
까지였다.

　　외부 반응은 싸늘했다. TV에서 이 뉴스를 봤다는 사람은 있었지

방송기자연합회 이달의 방송기자상 전문보도 부문 시상식 (2014년 5월)

만 SBS 뉴스 웹사이트에서 이 특별한 웹서비스를 체험해 봤다는 사람
은 거의 없었다. 친구들에게 한번 봐 달라고 링크를 보냈더니 이런 질
문이 돌아왔다.

"모바일에선 안 돼?"

아차 싶었다. 멋지게 구동되게 하려고 PC 전용 서비스로 만들었
기 때문이다. 친구들한테 제발 솔직하게 얘기해 달라고 부탁했다. 근
본적으로 이런 서비스가 왜 필요한지 회의적이라는 비판까지 나왔다.
방송을 중간에 끊어 놓고 더 디테일하게 보여 주는 서비스인데, 영상
에 집중하고 싶어 하는 사람들에겐 필요 없는 서비스였던 것이다.

뒤통수를 맞은 것 같았다. 결국 열심히 만들었지만 온라인에선 죽

은 콘텐츠였다. 그렇게 3개월간 죽은 콘텐츠에 매달렸던 경험과 그 참 담함은 이후 내 사고방식을 바꾸는 데 결정적 역할을 했다.

나중에서야 겨우 깨달았다. 그건 공급자 중심의 콘텐츠였다. 이렇 게 공급자 중심의 콘텐츠를 만들면 온라인에선 참혹하게 묻히고 버림 받는다. 우린 다시는 공급자 중심의 콘텐츠는 만들지 말자고 다짐했 다. 그리고 상 못 받아도 좋으니, 멋지지 않아도 좋으니, 그냥 철저히 소비자를 위한 무언가를 만들기로 결심했다.

스브스뉴스팀에
20대가 많은 이유

우린 철저히 20대에게 눈높이를 맞춰 온라인에서 살아남는 콘텐츠를 제작하기로 했다. 살아남는 콘텐츠를 만들려면 확실하게 20대가 좋아하는 브랜드가 필요했다. 권영인 기자가 '스브스뉴스'라는 브랜드 어떠냐고 했다. 20대들이 댓글에서 SBS를 낮잡아 부르는 이름을 그대로 차용한 것이다.

이름은 사고를 지배한다. 스브스뉴스라는 이름에는 세 가지 의미가 농축돼 있다.

첫째로 스브스뉴스라는 이름은 젊은 네티즌과 눈높이를 맞추겠다는 의지를 담고 있다. 네티즌들이 쉽게 부르는 별명을 아예 이름으로 삼으며 친근함을 더하자는 전략이다. 20대들에게 가르치려 들고, 아는 척하는 기성 미디어와는 기본 태도부터 다르다는 걸 보여 주는 이름이다. 기존 전통 미디어의 엘리트주의와 정반대 느낌을 주는 브랜드였다.

둘째로 SBS 뉴스에선 못 하는 가벼운 것도 스브스뉴스에선 하겠다는 생각이 담겨 있었다. "SBS가 어떻게 저런 가벼운 걸 해?"라는 생각이 들 만한 것들은 스브스뉴스로 소화해 보자는 전략이었다. 우리 동네 웃긴 아저씨의 소소한 이야기부터 장난스런 웹툰, 톡톡 튀는 패러디 등 연성 콘텐츠로 승부수를 던지기로 했다.

셋째로 그래도 스브스뉴스의 모태는 SBS 뉴스인 만큼 신뢰할 수 있고 정확한 정보를 전하자는 철학을 담았다. 가벼운 내용이라도 반드시 팩트 체크를 하고, 과학적으로 검증되지 않은 것은 함부로 일반화하지 않기로 했다. 가벼움 속에서도 진지함과 무거움을 추구하기로 했다.

이보다 더 손님 눈높이에 맞춘 작명이 있을까. 그러나 예상대로 스브스뉴스라는 이름은 윗선의 반대에 부딪쳤다. 너무 장난스럽게 이름을 지은 것 아니냐는 우려였다. 우여곡절 끝에 부장으로부터 "내가 정말 간신히 보도국장을 설득했다."는 얘기를 들었다. 보도국장도 임원들을 설득하느라 고생하셨다는 소식을 전해 들었다. 스브스뉴스라는 브랜드를 써도 좋다고 최종 허락을 받은 그날의 마음속 청량감을 아직도 잊을 수 없다.

손님의 기호에 맞추기 위해 처음부터 20대에게 펜을 넘기기로 했다. 20대에게 펜을 넘긴다는 건 정통 언론사가 구축해 온 권위를 스스로 무너뜨리는 것으로 보일 수도 있었다. 기사는 전문 교육을 받은 기자가 써야지 대학생이 함부로 쓸 수 있는 게 아니라는 인식이 지배적이었다. 하지만 손님인 독자만 생각하면 20대에게 펜을 넘기는 게 옳다고 판단했다. 30대 후반인 두 기자보다는 20대가 직접 제작한 콘텐츠가 20대에게 더 소구력이 있을 것이기 때문이다. 그리고 전문적인 스토리 구성을 위해 교양 프로그램에서 활약하던 작가도 영입했다.

스브스뉴스 초창기 회의실 사용 시절 (2015년 5월, 1기 인턴과 스태프들)

20대가 발굴한 소식에 20대의 관점을 담고, 부족한 부분은 작가와 기자들이 보완해 주면 쓸만한 SNS 콘텐츠가 나올 것이라 생각했다. 특히 사실 확인을 정확히 해서 고품질 콘텐츠를 만들도록 지도하면 권위를 떨어뜨렸다는 비판에서 벗어날 수 있을 것으로 봤다.

당시 여러 대학에서 학점 인정용 인턴십 교육을 해 달라는 요청이 들어오고 있는 터여서 아예 6개월짜리 학점 인정 인턴십 제도를 활용하기로 했다. 그렇게 2015년 1월, 1기 인턴 10명을 선발했다.

SBS 목동 사옥 9층의 빈 회의실을 빌렸다. 좁고, 환기도 잘 안 되고, 덥고, 인터넷도 느렸지만 꿈이 무럭무럭 자라나는 공간이었다. 벤처기업 같았다. 인턴을 지도할 작가 1명과 기자 2명, 대학생 인턴십 참가자 10명 이렇게 13명이 스브스뉴스의 첫발을 내디뎠다.

인턴들과 함께 슬로건을 정했다. 당시 압도적인 표를 받은 안이 'SBS가 내놓은 자식들'이었다. 이 아이디어가 나왔을 때 모두 자지러졌다. 환기도 잘 안 되고 비좁은, SBS에서 가장 열악한 공간에서 '내놓은 자식들'처럼 불쌍하게 일하고 있는 우리 처지를 그대로 반영한 것이었기 때문이다.

하지만 너무 경망스러워 위에서 받아줄 리 만무했다. 그때 누군가 '자신 있게'를 붙이자고 제안했다. 그렇게 스브스뉴스의 슬로건 'SBS가 자신 있게 내놓은 자식들'이 완성됐다. 물론 '자신 있게'는 살짝 삽입된 것처럼 위트 있게 디자인했다.

젊은 생각을 최대한 존중해 온 부장도 너무 장난스럽고 수준 낮은

출근

퇴근

사내 사진 공모전 대상 수상작 (2015년 11월, 2기 인턴)

것 아니냐며 강하게 반대했다. 하지만 대학생들이 이게 제일 좋다는데 한번 해 보고 욕먹으면 바로 바꾸겠다고 설득했다.

부장은 매우 심기가 불편해 보였다. 그리고 "에이씨, 너네 맘대로 해." 하고 자리를 박차고 나갔다. 순간 수락한 것인지 반어법인지 헷갈렸지만 우리는 이때다 싶어 일단 바로 준비한 슬로건 디자인을 페이스북 계정에 올렸다. 되돌릴 수 없게 말이다.

이처럼 스브스뉴스는 작명부터 팀 구성, 슬로건 정하는 것까지 단계 단계마다 정통 언론사에서 당연했던 상식을 깨 나갔다.

초반엔 페이스북에 콘텐츠를 올리면 나오는 좋아요 개수가 20~30개에 불과했다. 인턴을 10명이나 뽑아 놓고 별다른 성과가 없자 위에선 걱정의 눈초리로 우릴 바라보기 시작했다. 우리끼리는 열심히 만드는데 시장에선 좀처럼 통하지 않았다. 엎친 데 덮친 격으로 스브스뉴스가 SBS 뉴스의 품위를 해친다는 내부 비판이 이어졌다. 젊은 기자들 사이에서도 스브스뉴스를 없애야 한다는 주장이 나왔다.

그래도 꿋꿋이 버텼다. 좋은 콘텐츠를 만들다 보면 기회가 올 거라는 믿음을 갖고 있었지만 내내 가슴이 조마조마했다. 당시 1기 인턴들은 정말 말도 안 될 만큼 스브스뉴스에 애정을 쏟았다. 주말 내내 자기들끼리 아이템 회의를 하는 통에 주말에는 단톡방에서 카톡을 금지한 적도 있다. 그랬더니 몰래 다른 단톡방을 만들어 자기들끼리 계속 아이템 회의를 했다. 훗날 인턴들이 "그땐 스브스뉴스와 연애하는 것 같았다."고 말할 만큼 열정이 들끓었다.

스브스뉴스 최초의 페이스북 상단 이미지와 슬로건

스브스 뉴스 너무너무 재밌고
신선해요~ㅠㅠ 덕분에 페이스북에
들어온다고 해도 과언이
아니에요.ㅠㅠ 그래픽도 너무
재미있고, 기사거리도 감성적인
부분이 꽤 많아서 제게 큰 힐링이
되고 있어요~ 항상 질 좋은 콘텐츠
업로드해주셔서 진심으로
감사합니당! 앞으로도
애독하겠습니다! 스브스뉴스
파이팅입니당! 😊😊

○○○
아 스브스뉴스 진짜 뭐에요...팔로우하는
모든 뉴스페이지중에 제일 유익하고 와닿
고 감동적이네요.
슬프고 아프며 고통스러운 기사들만 쏟아
내기 바쁜 뉴스들 사이에서 따뜻함을 느
끼게하는 기사들 ㅜㅜ.
너무 감사합니다 앞으로도 지금처럼 꾸준
히 올려주시길 부탁드려요
1시간 전·좋아요·👍 2·답글

스브스뉴스 페이스북 메시지로 전해진 독자의 칭찬

이런 열정 덕분이었을까. 3개월쯤 지날 무렵 성과가 나타나기 시작했다. 페이스북에 올린 게시물의 좋아요 개수가 100개를 넘어서더니 1000개를 돌파하기도 했다. 서서히 입소문이 나 네이버, 다음에서 메인 화면에 수시로 실리기 시작했다. 네이버에선 마침 신규 론칭한 '포스트'에 입점해 달라고 요청해 왔다. 다음에서는 메인 화면에 스브스뉴스 별도 코너 공간을 마련하기도 했다. 역시 카카오 1boon에서도 입점 요청이 들어왔다.

20대들의 열렬한 지지 덕분이었다. '사랑해요 스브스'라고 댓글을 다는 팬도 나왔다. 페이스북 메신저를 통해 새로운 시도에 대한 칭찬과 격려가 들려왔다. 그렇게 손님과 눈높이를 제대로 맞추기 위해 태어난 뉴스는 간신히 간신히 살아남았다.

그릇이 달라지면
맛도 다르게 느껴진다

스브스뉴스가 생기기 1년 전인 2014년, 당시 젊은이들 사이에서 페이스북이 선풍적 인기를 끌더니 급기야 포털의 아성을 위협하기 시작했다. 당시 우리 뉴미디어부에선 페이스북 운영과 관련해선 다음 두 가지 안을 두고 격론이 벌어졌다.

> 1안: 페이스북에 SBS 뉴스 웹사이트 링크를 올려 어떻게든 우리
> 웹사이트로 유입량을 늘리자.
> 2안: 페이스북에 링크 걸지 않고 뉴스 영상과 이미지를 곧바로
> 올려 확산 효과를 극대화하자.

1안은 sbs.co.kr로 어떻게든 유입시켜 SBS 플랫폼의 경쟁력을 키

우자는 전략인데, 독자 입장에선 링크를 누르고 로딩 시간이 걸려 좀 불편할 수 있다. 2안은 페이스북 앱 안에서 콘텐츠를 소비하도록 해 좋아요를 많이 누르게 해서 구독자를 늘리자는 전략이었다. 독자 입장에선 로딩 시간이 절약되니 더 편리하다.

논란은 거의 반 년간 계속됐다. 격론 끝에 일단 구독자를 키워 놓고 나중에 링크를 많이 올려 sbs.co.kr로 많이 유입시키자로 결론 났다. 그러고 나서야 SNS 구독자 규모를 키우는 데 역량을 집중시킬 수 있었다.

그 당시 권영인 기자가 개발한 것이 카드뉴스다. 카드뉴스는 카드처럼 생긴 사각 이미지 안에 글씨를 심어 카드를 한 장씩 넘기며 보는 새로운 뉴스 포맷이다. 카드뉴스는 선보이자마자 큰 반향을 일으켰고, 금세 모든 언론사가 따라 하기 시작했다. 언론사에 이어 각종 기업과 홍보 대행사에서도 자사 페이스북 계정에 카드뉴스를 속속 도입했다. 급기야 신문방송학과 등 미디어 관련 학계에서도 카드뉴스에 대해 따로 연구하고 실습수업을 개설할 만큼 관심이 뜨거웠다.

카드뉴스는 사실 페이스북에서 사용자가 가장 편하게 뉴스를 볼 방법을 찾다가 고안한 방식이었다. 당시 〈SBS 8뉴스〉 영상을 페이스북에 올리면 좀처럼 보지 않았다. 페이스북 이용자의 90%가 스마트폰 등 모바일 기기로 이용하고 있어 소리까지 켜고 듣기 귀찮아했고, 아주 재밌는 영상이 아니면 영상을 재생하는 동안 금세 지겨움을 느껴 이탈했다.

그래서 뉴스 영상의 핵심 부분을 이미지로 캡처한 뒤 기자의 내레이션을 글씨로 이미지에 적었다. 1분 30초짜리 뉴스 꼭지를 카드뉴스 형식으로 만들었더니 손가락으로 휙휙 넘기면서 30~40초 만에 소비가 가능했다. 주의 깊게 읽고 싶어 하는 사람, 대충 넘겨 보고 싶어 하는 사람 모두 만족시킬 수 있는 형식이었다.

즉 카드뉴스는 페이스북 환경에서 가장 보기 편하게 만든 것이다. 완전히 새로운 형식이라기보디 페이스북에 최적화한 것이다. 카드뉴스의 시초는 SBS지만 카드뉴스 형식은 훨씬 전부터 일반 네티즌 사이에서 자연발생적으로 만들어졌다. 이미 네티즌 사이에는 영화나 방송의 일부 멋진 장면을 여러 이미지로 캡처한 뒤 자막을 달아 올리는 게 유행하고 있었다.

다만 언론사들이 그런 일반인의 소비 방식에 주목하지 않았는데, 권영인 기자가 그걸 주목해 언론사 중 가장 빠르게 그 형식을 도입한 것이다. 그건 소비자의 행태와 기호를 잘 관찰한 덕분이었다. 대부분의 위대한 발명품은 이렇듯 사소한 것을 발견한 데서 시작되는 것 같다.

카드뉴스는 플랫폼에 최적화된 형식이다. 손님이 가장 편하게 볼 수 있게 배려해서 새로운 그릇에 담은 것이다. 최적화의 효과는 정말 놀라웠다. 똑같은 내용이지만 원본인 TV 영상 형태로 올리면 수만 명 정도 보는데, 그걸 이미지로 캡처한 뒤 기자 내레이션을 자막으로 입력한 카드뉴스 형식으로 올리면 수백만 명이 보았다.

SNS 콘텐츠 시장에서 손님은 빨리 움직이고 가차 없이 의사결정을 한다. 1초 만에 판단한다. 그래서 콘텐츠가 살고 죽고는 1초 만에 결정된다. 페이스북 뉴스피드에서 카드뉴스라는 형식을 접하면 편리하게 콘텐츠를 즐길 수 있겠다고 바로 판단할 수 있다. 같은 내용이라도 조금이라도 더 보기 편리한 콘텐츠가 선택 받고, 그러면 좋아요를 더 많이 누르게 되고, 그러면 더 많이 확산되고, 결국 막강한 영향력을 갖는 콘텐츠가 되는 것이다. 그것이 SNS 콘텐츠 시장의 생리다.

SBS의 온라인 영상 뉴스 서비스인 비디오머그에서 자주 만드는 '자막뉴스' 역시 손님이 가장 편하게 보게 하자는 생각의 산물이다. 만드는 방법은 아주 간단하다. 〈SBS 8뉴스〉에 방영된 뉴스 꼭지에서 앵커 멘트를 떼어 내고, 기자 내레이션과 인터뷰를 모조리 자막으로 처리해 봤다. 그때만 해도 자막뉴스를 한다니까 반대하는 목소리도 나왔다.

"아니 그렇게 자막을 일일이 다 달면, 누가 오디오를 듣겠어? 뉴스 영상을 제대로 즐기게 하려면 오디오를 듣게 해야지."

하지만 곧 이런 비판은 수그러들 수밖에 없었다. 자막뉴스의 효과는 금세 숫자로 입증됐기 때문이다. 그냥 손님이 보기 좋으라고 자막을 달고, 군더더기를 뺀 것뿐인데, 결과는 놀라웠다. 좋아요가 십만 건이 넘는 경우도 나왔다. 자막뉴스가 성공하자 여러 언론사에서 영상에 자막을 많이 넣기 시작했다.

카드뉴스나 자막뉴스나 전달 형식을 손님 기호에 맞춘 것뿐이다. 같은 음식도 손님이 좋아하는 그릇에 담으면 다르다. 사실 거의 그게

자막뉴스
2015-03-20 금 10:44:28

창문 너머로 불길이 치솟습니다.

-1:08

SBS 뉴스 ✓
게시자: Do-kyoon Kim [?] · 2015년 3월 25일 · 🌐

<자막뉴스> 불나자 27명 대피시킨 보육교사... 소방관도 감탄
30명 가까운 아이들이 있던 어린이집에서 불이 났는데, 숨지거나 다친 아이가 단 1명도 없었습니다. 보육교사들의 침착한 대처가 돋보였습니다.
Go! VIDEO MUG

👥 738명에게 도달했습니다   게시물 홍보하기

조회 268만회

자막뉴스 <불나자 27명 대피시킨 보육교사보육교사... 소방관도 감탄> (2015년 3월)

다였다. 그런데 그게 결국 답이었다. TV 뉴스가 살고 죽고는 보도국장이 결정하지만, SNS 콘텐츠가 살고 죽고는 20대, 30대 손님이 결정한다. 손님이 반응하지 않으면 그 콘텐츠는 죽는다. 따라서 형식도 손님이 좋아하는 쪽으로 맞춰야 한다. 그게 SNS라는 정글의 법칙이다.

독자가 있는 곳,
어디든 가라

이제 온라인에선 포털 뉴스를 통하지 않고 언론사가 홀로 소비자와 만날 수 있는 접점을 찾기란 쉬운 일이 아니다. 포털은 뉴스 생태계의 최상위 포식자가 됐다. 당시 뉴미디어부에서 독자들이 참여하는 이벤트를 할 때 네이버나 다음과 협업하지 않고는 진행하기 어려울 정도였다. 네이버 뉴스에서 배너라도 하나 걸어 줘야 보는 사람이 조금이라도 생겨났고, 이벤트 진행이 가능했다.

포털 없이 자체적으로 할 수 있는 건 아무 것도 없어 보인다. 기자로서는 무력감을 느낄 수밖에 없다. 예컨대 SBS 기자가 정말 열심히 취재해서 특종을 터뜨린다. 기성세대는 TV에서 그걸 볼 테니 'SBS가 취재 잘 했네.'라고 생각하겠지만 모바일 미디어로 뉴스를 보는 젊은 세대는 네이버나 다음, 또는 페이스북에서 그 특종 뉴스를 본다. 그 기사문 상단에 언론사 마크가 분명히 나오지만, 초대형 특종이 아니라면 어느 언론사의 기사인지 신경쓰지 않는다.

사람들에게 "최근 본 특종기사 기억나세요?"라고 물으면 대부분 모른다고 한다. JTBC의 '최순실 태블릿 PC 특종' 정도만 기억한다. 특종 뉴스를 보고 '아 이런 일이 다 있었구나, 다음에도 뉴스를 챙겨 봐야지.'라고 생각할 뿐이다. 물론 해당 언론사 웹사이트가 아니라 네이버 뉴스 또는 다음 뉴스에서 챙겨 봐야겠다고 생각할 것이다.

노인을 뺀 대부분의 계층이 스마트폰이나 PC 인터넷 환경에서 뉴스를 소비하니, 기자 입장에선 네이버 뉴스와 다음 뉴스라는 거대 플랫폼의 편집자들이 자기 기사를 상위에 배치해 주기를 바랄 수밖에 없다.

20대~40대 독자 또는 시청자만 놓고 볼 때, 네이버 뉴스와 다음 뉴스에서 상위에 올라가지 않으면 그 기사는 묻힌다. 정말 훌륭한 특종기사를 발굴했는데 포털 사이트의 편집자들 눈에 띄지 않아서 별다른 주목을 받지 못한 경험을 어느 기자든 해 봤을 것이다. 포털 사이트는 거대한 벽처럼 느껴졌다.

스브스뉴스 초기 기획할 때부터 우린 그 네이버, 다음 등 플랫폼 사업자가 쳐 놓은 벽을 넘는 모델을 만들어 보고 싶었다. 특히 페이스북에서 수십만 명에서 수백만 명에게 기사가 전달될 수 있다는 걸 확인한 뒤 우리는 강한 온라인 플랫폼이 없다는 데 따른 한계를 극복할 방법이 있다고 믿게 됐다.

초창기 운영한 11개 멀티 플랫폼

    수많은 논의 결과 우리가 내린 결론은 바로 멀티 플랫폼 전략이었다. 쉽게 말해 올릴 수 있는 곳엔 다 올리는 거다. 당시 언론사들은 네이버, 다음, 네이트 뉴스 외에는 보통 트위터와 페이스북 정도에 뉴스 링크를 올려 자사 홈페이지로 끌어오는 정도였다. 스브스뉴스는 독자와 접점이 될 수 있는 곳이면 어디든지 올리기로 했다.

    네이버 뉴스뿐 아니라 네이버 블로그와 네이버 포스트, 네이버 TV캐스트에도 올리기로 했다. 다음 뉴스뿐 아니라 카카오 1boon, 카카오 스토리, 카카오 뉴스와 플러스친구 등에도 역시 올리기로 했다.

스브스뉴스 멀티플랫폼 전략

신생 큐레이션 서비스인 빙글(VINGLE)과 해외에서 뜨고 있는 텀블러와 플립보드에도 일단 콘텐츠를 올려놓고 반응을 보기로 했다. 나중엔 스마트폰 초기 화면 시장의 1위 사업자인 캐시슬라이드와 20대 사이에서 선풍적인 인기를 끌고 있는 사진 중심의 SNS인 인스타그램에도 콘텐츠를 올렸다.

좋은 콘텐츠를 일단 여기저기 뿌려 놓으면 네티즌들이 공유하면서 확산될 것이라 믿었다. 몇 달 뒤 예상 밖에도 빙글이라는 SNS에서 40만 명이 넘는 구독자가 생겼다. 전혀 기대하지 않았던 캐시슬라이드의 효과도 놀라웠다. 올리는 카드뉴스마다 50만 명이 넘는 노출수를 기록했다.

기대 이하인 곳도 있었다. 카카오 스토리는 플랫폼 자체가 힘을 잃으면서 지지부진해졌다. 플립보드와 텀블러는 이용자 수 자체가 너무 적어 국내시장에서 외면당하면서 업로드 자체를 접었다.

최근엔 올릴 수 있는 카드의 수가 제한적인 인스타그램과 트위터를 위해 별도의 4장짜리 카드뉴스를 만들고 있다. 각 플랫폼에 최적화해야 소비된다는 생각에서였다. 생각은 적중했다. 인스타그램에도 구독자가 늘면서 많이 보는 콘텐츠는 20만 명 이상이 보기도 했다. 트위터도 올리는 멘트를 친구가 말하듯 올리고 이미지를 트위터에서 가장 보기 좋게 개선하자 잘 되는 콘텐츠는 리트윗이 7천 개 이상 달리고 30만 명 이상에게 노출되는 등 놀라운 성과가 나왔다.

스브스뉴스가 다양한 SNS 플랫폼에서 상당한 구독자를 확보하

플랫폼 특성에 맞춘 스브스뉴스 트위터, 인스타그램 게시물

자 우리는 네이버 뉴스나 다음 뉴스에서의 퍼포먼스를 별로 신경 쓰지 않게 됐다. 숫자 때문이다. 네이버 뉴스에서 '가장 많이 본 기사'로 분류되는 기사도 조회수가 십만 건 전후에 불과하다. 대부분의 온라인 기사는 십만 명에게도 노출되지 않은 것이다. 반면 스브스뉴스에서 카드뉴스 한 편이 평균 온라인에서만 30만~50만 명에게 노출된다. 잘 될 때는 1백만 명 이상에게도 노출된다.

예컨내 2016년 8월 초 제작된 스브스뉴스의 카드뉴스 〈아기 보는 고등학생들-천조국의 흔한 육아일기〉 편은 페이스북에서만 약 30만 명에게 도달했다. 네이버 포스트에서도 23만 5천 명, 빙글에서는 5만 5천 명이 봤다. 이 밖에도 네이버 뉴스, 다음 뉴스, 네이트 뉴스, 네이버 블로그, 트위터, 카카오 스토리 등 다양한 통로를 통해 이 아이템은 온라인에서만 총 70만 명 이상에게 노출됐을 것으로 추산된다.

사실 오늘의유머, 루리웹 등 커뮤니티 사이트에서도 우리 카드뉴스를 퍼 날라 가는 경우도 많아 통계에 잡히지 않는 소비자도 더 있을 수 있다. 또 있다. SBS 아침 뉴스인 모닝와이드에 정규 편성돼 있는 '카드로 보는 스브스뉴스' 코너에서도 이 카드뉴스가 소개된다. 그날 시청률은 4.37%. 시청 가능 인구를 4천만 명으로 가정하면 낮게 잡아도 150만 명은 본 셈이다.

스브스뉴스 이전의 나는 온라인 기사 한 편을 쓴 뒤 오직 네이버 뉴스, 다음 뉴스만 바라보고 있었다면, 스브스뉴스 이후에는 네이버 뉴스와 다음 뉴스에서 어디에 실렸는지 자주 챙겨 보지 않게 됐다. 페

카드뉴스 〈아기 보는 고등학생들-천조국의 흔한 육아일기〉 (2016년 8월, 오다록 인턴)

이스북, 인스타그램, 트위터, 빙글, 네이버 포스트, 카카오 1boon 등
SNS 플랫폼에서 훨씬 많은 사람들이 보기 때문이다.

　　멀티 플랫폼 전략 성공 뒤 예전엔 상상도 못했던 일이 일어났다.
플랫폼들이 경쟁적으로 우리와 제휴하기 위해 접촉해 왔다. 페이스북은 인스턴트아티클 초기 파트너로 SBS 뉴스와 스브스뉴스를 택했다. 카카오에서는 1boon 제휴 브랜드로 우릴 택해 수익을 공유하자고 제안해 왔다. 1boon과 협력 사실을 안 네이버에서도 네이버 포스트의 모범 계정으로 스브스뉴스 계정을 택했다. 포스트 관리 방법을 알려주는 '네이버 블로그&포스트 데이' 행사에도 스브스뉴스의 노하우를 소개해 달라며 강연을 요청했다.

플랫폼들은 서로 우수한 콘텐츠를 유치하려고 경쟁 중이다. 콘텐츠 저작권자와 독점적인 별도 계약을 맺어 협력 관계를 강화하고 있다. 그래야 이를 보고 다른 콘텐츠 제작자도 콘텐츠에 정성을 들여 플랫폼에 올리고 열심히 계정을 관리하게 된다.

네이버 뉴스와 다음 뉴스에 절대적으로 종속됐던 예전 온라인 뉴스 유통망에서 영역을 확장한 결과, 스브스뉴스는 콘텐츠 제작자가 거대 플랫폼과 동등한 관계에서 협력하며 협상력을 보유하는 새로운 모델을 제시할 수 있게 됐다. 멀티 플랫폼 전략의 궁극적 목표는 '콘텐츠 비욘드 플랫폼(contents beyond platform): 플랫폼의 경계를 뛰어넘는 콘텐츠'이다.

콘텐츠 비욘드 플랫폼 전략은 쉽게 말하면 '손님 계신 곳이면 어디든 찾아간다'는 전략이다. 이 전략이 온라인 콘텐츠 시장에서 꼭 필요한 이유는 아래와 같다.

첫째, 영향력 극대화 효과다. 일단 업로드 하는 곳이 많을수록 소비자와 접점이 당연히 늘어난다. 트위터 사용자도 페이스북 사용자도

유혹할 상대는 누구인가 – 타깃 설정

네이버 사용자도 모두 팬으로 만들 수 있다.

둘째, 위험 분산 효과다. 경쟁력 있는 콘텐츠가 다양한 플랫폼에 분산 노출되면 열심히 만들어 놓고 묻힐 위험이 크게 줄어든다. A라는 플랫폼에서는 묻혀도 B, C라는 플랫폼에서 큰 반향을 일으키며 널리 퍼질 수 있기 때문이다.

셋째, 협상력 강화 효과다. A라는 플랫폼과 협력 관계를 강화해 B라는 플랫폼을 견제할 수 있다. B 플랫폼엔 콘텐츠를 적게 올린다거나 늦게 올리는 식으로 압박할 수 있다. B플랫폼이 협력 강화를 위해 접근해 오면, 그때 수익을 좀더 공정하게 배분하자거나 메인 페이지에 더 올려 달라는 식으로 협상력을 발휘하면 된다.

콘텐츠 비욘드 플랫폼 전략을 세상에서 가장 잘 사용하는 곳 중 하나가 월트디즈니다. 월트디즈니의 애니메이션은 영화, 방송, 동화책, DVD 등 미디어 플랫폼뿐만 아니라 티셔츠, 도시락 통, 필통 등 생활용품 플랫폼까지 수많은 곳을 통해 확산된다(플랫폼을 소비자와 접하는 최초의 관문으로 정의한다면 티셔츠와 도시락통도 플랫폼으로 볼 수 있다). 콘텐츠의 경쟁력이 뛰어나면 다른 플랫폼들의 러브콜을 받고, 많은 곳으로 확산될 수 있다.

권위를 버리고
말발을 택한 결과

'말발이 먹힌다'는 말이 있다. 말을 했는데 설득력이 있어 청자의 마음을 움직였을 때 쓴다. TV뉴스 기자들에겐 이게 정말 중요하다. 기자는 항상 정장을 입어야 한다. 카메라 앞에선 머리도 단정해야 한다. 목소리엔 힘이 실려 있어야 하고, 또박또박 읽어야 한다. 표정은 진지해야 한다. 바늘로 찔러도 피 한 방울 날 것 같지 않은 강인한 눈빛으로 화면을 응시해야 한다. 화면에 나왔을 때 말발이 먹혀야 하기 때문이다.

몰라도 모른다고 해선 안 된다. 사회부 기자 시절 한 선배 기자가 생방송 출연 요령에 대해 가르쳐 준 적이 있다. 생방송 도중 진행자가 질문을 했는데, 답을 모를 경우 "모르겠는데요."라고 말해선 안 된다. 대신 '그걸 아직 파악하지 못한 이유'에 대해 설명해야 한다고 했다. 예컨대 "그 부분은 담당 공무원이 답을 하지 않고 있다."고 이유를 대는 식이다. 당연히 파악했어야 하는 걸 모르고 있다면 "그 부분은 확인해서 추후 말씀드리겠다."고 해야 한다. 만약 솔직하게 모른다고 말하면 기자의 품격을 스스로 무너뜨리는 꼴이라고 그 선배는 강조했다.

TV에선 '품격'과 '권위'를 갖춰야 '말발'이 먹힌다. 그런데 과연 SNS 콘텐츠 시장에서도 그럴까? 사실 품격과 권위가 도움은커녕 방해가 된다고 생각하고 만든 브랜드가 스브스뉴스다. 우리 스스로 지상파 방송의 권위를 무너뜨리기 위해 네티즌이 친근하게 부르는 별명을 브랜드로 삼은 것이다. '당신보다 잘난 게 하나도 없다'는 자세로 접근하는 콘셉트다.

SNS에서 말발이 먹히려면 공감이 돼야 한다. 잘난 척하면 좀처럼 공감하기 어렵다. 공감이 되려면 그 반대로 가야 한다. 차라리 망가지는 게 도움이 된다. 그래야 마음이 열리고 공감이 시작된다. 우리는 시작 때부터 SBS 뉴스가 아니라 스브스뉴스니까 좀 어눌하고 망가져도 된다고 생각했다. 그리고 실제로 적잖이 망가졌다.

가장 대표적인 작품이 〈방송가에 침투한 일베? 하… 우리가 먼저 당해 봐서 아는데…〉라는 영상이다. 한 인턴이 'SBS는 걸핏하면 일베가 변형한 로고를 사용하는 걸 봐서 일베에 점령당했다'는 커뮤니티 게시 글을 가져와 발제했다. SBS에 일간 베스트 게시판을 자주 드나드는 극우 청년이 숨어 있는 것 아니냐는 의구심이 온라인에서 번지고 있는데 솔직하게 내부 사정을 얘기해 주자는 취지였다.

구글에서 고화질 이미지 검색을 하다 보면 일베 변형 로고가 얼마

아...힘들었어...

우리가 아주 쥐 잡듯이 조사했지만
우리 안에 일베는 없었어...

후... 먼저 당해본 입장에서 말해줄게

영상 〈방송가에 침투한 일베?〉 (2015년 4월, 조인영 인턴)

나 자주 뜨는지, 이것이 사실상 육안으로 쉽게 걸러 내기 어렵다는 점을 보여 주고, 우리가 소홀했던 것이지 일베에 오염된 것은 아니라고 호소하는 내용으로 구성했다.

예민한 주제였다. 어설프게 변명하다가는 더 부작용만 일으킬까 우려됐다. 그래서 아예 100% 솔직하게 말하기로 했다. 일베 사고가 터진 직후 언론과 시청자의 뭇매를 맞는 장면을 노골적으로 표현했다. 거짓말이 아니라는 걸 전달하기 위해서 방송 사고 당시 얼마나 처참한 느낌이었는지 최대한 솔직하게 말했다.

확실하게 망가진 덕분이었을까. 이 영상은 당시 많은 이들에게 회

이런 다리를 가지고 있죠.

북극 토끼는 왜 다른 토끼보다 다리가 길죠?(진지)

수의학 교수1 님의 말

수의학
교수 1

예?(당황)...ㅋㅋㅋㅋㅋㅋㅋ북..ㅋㅋ큼토끼요?ㅋㅋㅋ
아님ㅋㅋㅋ북극ㅋㅋㅋ토낑ㅋㅋㅋㅋ다리갈ㅋㅋㅋㅋㅋ
ㅋ왜ㅋㅋㅋ기냐고욤ㅋㅋㅋ글쎄욬ㅋㅋㅋㅋㅋ

긴귀날쥐는 왜 다리가 길죠?(진지)

수의학 교수2 님의 말

수의학
교수 2

그렇게 태어난 건데..왜..냐고 물어보시면ㅋㅋㅋㅋㅋ
ㅋㅋㅋ..ㅋ..ㅋㅋㅋㅋㅋ..ㅋㅋㅋㅋ글ㅋㅋㅋ쎄욬ㅋㅋㅋ

이런 대답들 뿐이었습니다.

카드뉴스 〈뜻밖의 롱다리〉 (2015년 6월, 안수지 인턴)

자되면서 SBS가 실수를 했을 뿐 '일베충'에게 오염된 건 아니라는 인식을 확실히 심어 주었다.

취재하다 도저히 해결이 안 되면 솔직하게 답을 못 구했다고 썼다. SNS 상에 올라오는 소문과 관련해 궁금한 걸 해결해 주는 콘텐츠를 자주 만들었는데, 취재에 실패했다고 솔직히 털어놓은 것이다. 이렇게 한다고 아무도 욕하지 않았다. 오히려 네티즌들은 댓글에서 'ㅋㅋ' 하고 웃어 주거나 고생했다며 격려해 줬다. 솔직함은 스브스뉴스의 또 다른 매력으로 각인됐다.

말투도 젊은 네티즌들이 온라인상에서 늘 사용하는 방식을 썼다. 'ㅋㅋ, ㅠㅠ' 같은 감정 표현은 물론이고, 장난스럽게 농담식으로 쓰곤하는 표현도 사용했다. 단 최소한 표준어의 범주에는 드는 것만 허용했다. 요즘 젊은이들이 자주 쓰는 일본어(츤데레, 닝겐, 스고이) 등은 내

카드뉴스 〈추워서 이러는 거 아니에요!〉 (2016년 1월, 신정희 에디터)

부 토론 끝에 허용하지 않았다.

스브스뉴스가 깨뜨린 것은 이것만이 아니었다. 뉴스는 항상 3인칭 객관적 시점이라는 상식도 깨뜨렸다. 한번 3인칭이 아닌 1인칭으로 써 봤다가 반응이 너무 좋아 아예 '1인칭 뉴스'라는 형식을 만들었다. 객관적인 글쓰기가 힘들다고 토로하던 한 인턴 대학생 덕분에 태어난 포맷이었다.

아무리 객관적인 기사체를 요구해도 글에 자꾸 감정이 듬뿍 담기기에 아예 일기 쓰듯이 써보라고 했더니 놀라운 작품이 나왔다. 이후 1인칭 뉴스는 주로 동물 아이템에 많이 쓰였다. 단, 1인칭으로 감정을 싣더라도 객관적인 팩트에 기반을 두어 정확성 면에서 문제가 없도록 심혈을 기울였다.

약간 모자란 듯한 방송국 사람들 캐릭터도 적극 활용했다. 스브스

스브스뉴스 캐릭터 활용 사례 (김태화 디자인디렉터)

병맛 웹툰 활용 사례 (장익재 작가(아래), 이은오 인턴(위))

방송국에서 일하는 캐릭터들인데, 좌충우돌 쏘다니며 오보를 해 선배에게 혼나는 오 기자, 이지적이고 냉철한 여기자인 이 기자, 자기 세계가 뚜렷한 작가인 송 작가, 괴짜 피디인 방 피디 등 약간 모자라고 지극히 인간적인 방송국 사람들을 형상화했다.

네티즌들이 말하는 소위 '병맛' 콘셉트도 적극 도입했다. 그냥 제정신이 아닌 사람을 장난치듯이 묘사하며 성의 없게 마구 그린 웹툰을 '병맛툰'이라고 하는데 그 감성을 그대로 살렸다. 딱딱한 뉴스 소재도 병맛툰 분위기의 웹툰과 애니메이션으로 재구성하면 더욱 전달력이 뛰어나다는 사실을 체감할 수 있었다.

이런 일련의 시도 끝에 분명하게 깨달은 것은 적당히 망가져야 마음이 열리고 그래야 공감이 잘 된다는 것이었다. 그리고 이 부분은 스브스뉴스 정체성의 한 축을 형성하게 됐다.

뜨거운 참여를 끌어내는
콘텐츠의 힘

●

독자 또는 시청자의 참여를 이끌어 내기란 쉬운 일이 아니다. 그것도 무료로 참여하게 하는 건 더욱 어려운 일이다. 독자에게 같이 콘텐츠를 만들자고 제안하면 대체로 해당 언론사에 대해 신뢰할 때에만 참여한다. 그래서 독자 참여 콘텐츠는 해당 언론사와 손님인 독자와의 관계 밀도의 바로미터다.

독자와 시청자 다수의 참여가 단순한 의견 개진을 넘어서 본 콘텐츠를 구성하는 핵심 역할을 담당할 경우 이를 '오픈 저널리즘'이라고 한다. 영국의 〈가디언〉이 가장 선도적 역할을 한 것으로 평가받는다. 〈가디언〉은 2009년 영국 하원의 '활동비 스캔들' 당시 의원들의 활동비 청구서 45만여 건을 온라인에 올린 뒤 독자들에게 검증을 요청해 22만 5천여 건에서 문제가 있음을 밝혀낸 바 있다. 스브스뉴스도 오

유혹할 상대는 누구인가 – 타깃 설정

폰 저널리즘 전략을 적극적으로 활용했다.

〈최저 시급으로 장보기〉는 당시 보도국 사회부에 있던 하현종 기자의 제안으로 시작된 '글로벌 오픈 저널리즘 프로젝트'다. 최저임금 인상 여부를 둘러싸고 관심이 쏠리던 2015년 7월, 한 사진이 크게 화제가 됐다. 영국에서 최저 시급으로 2시간 일한 뒤 장을 보면 살 수 있는 것들을 모아 찍은 사진이었다. 고기와 버섯, 요구르트, 딸기, 토마토, 주스, 양배추, 우유에 맥주까지 보기만 해도 풍성해 보여 많은 이들을 놀라게 했다. 우리나라에선 최저 시급(당시 5580원)으로 2시간 일하고 살 수 있는 것이 돼지고기 약간과 생수, 양파, 버섯, 바나나, 라면 정도로 얼핏 보기에도 영국과 차이가 컸다.

스브스뉴스는 해외에 거주하는 분들께 각 나라 최저 시급 2시간 치로 장을 보고 사진을 올려 달라고 제안했다. 과연 얼마나 참여할까 걱정이 됐다. 직접 장을 보고 사진까지 찍어 올려야 해 그리 간단한 일이 아니기 때문이다.

놀랍게도 미국, 영국, 일본, 멕시코, 인도네시아, 오스트레일리아, 뉴질랜드, 독일, 프랑스, 벨기에, 네덜란드 등 11개 국가의 독자들이 소중한 사진을 보내 줬다. 카드뉴스를 담당한 신정희 에디터가 페북에서 끈질기게 참여자들을 모은 덕분이었다. 멕시코를 제외하고는 우리보다 잘 사는 나라든, 못 사는 나라든 최저 시급 2시간 치로 우리보다 풍성한 식료품으로 장바구니를 채웠다.

당시 이 글로벌 프로젝트는 〈SBS 8뉴스〉에도 소개됐고, 우리나라

우리나라는 어떤지,
영국과 비슷한 항목으로 직접 구매해보니
우리나라 최저시급 (5,580원) 2시간 치로 살 수 있는 건
확실히 영국보다 적었습니다.

그렇다면 다른 나라는 어떨까?

궁금증을 해소하기 위해
'최저시급 2시간 치 돈으로 장보기' 프로젝트 시작!
여러분이 보내주신 소중한 사진들을
대륙 별로 정리했습니다.

독일

프랑스

프랑스

인도네시아

영국

최저시급이 우리보다 낮은데도
풍성하게 차린 곳도 많았고
물가가 비싼 곳이라는 데도 풍성한 곳이 있었습니다.

카드뉴스 〈최저 시급으로 장보기〉 (2015년 6월, 신정희 에디터, 하현종 기자)

최저 시급의 현실에 대한 새로운 시각의 논의를 불러왔다. 이 글로벌 오픈 저널리즘 프로젝트가 성공한 이유는 경제지표가 설명할 수 없는 청년층과 빈곤층의 실상을 사진으로 여실히 보여 주자는 취지에 많은 이들이 공감했기 때문일 것이다. 이 프로젝트를 통해 취지에 공감하면 독자들이 참여한다는 것을 깨달았다.

헬러윈데이를 앞두고 아침 아이템 회의 시간에 흥미로운 주제가 발제됐다. 한 에디터가 프랑스 유학생 시절에 자신은 무서워서 덜덜 떨며 보던 공포 영화를 현지 프랑스인 친구들은 전혀 무서워하지 않고 보더라는 경험담을 이야기하면서 과연 동양인과 서양인 사이 무서워하는 게 다른지 궁금하다는 것이다. 그래서 공포에도 문화 차이가 존재하는지 밝혀 보기로 했다.

구글링 결과 이와 흡사한 연구가 있었다. 인종에 따른 공포 반응 차이를 살펴봤더니 통계적으로 유의미한 차이가 있다는 연구였다. 하지만 이런 연구 결과만 전달하기엔 뭔가 부족한 것 같았다. 헬러윈데이를 앞두고 독자들에게 공포감을 맛보게 하면서 전달할 방법이 없을까 고민하다 우린 직접 독자들과 함께 온라인 설문 조사를 해 보기로 했다. 일단 재미있는 실험을 해 보자고 제안하는 내용의 1차 카드뉴스를 온라인 설문 양식과 함께 배포했다.

온라인 설문에선 다양한 공포 영화 장면을 보여 주며 1) 무서워요 2) 무섭지 않아요 중 답하게 했다. 이 실험은 동양인과 서양인이 모두 많이 참여해야 통계적으로 유의미한 결과를 도출할 수 있었다. 그래서 서양인 친구들에게 태그해 달라고 요청하고, 개인적으로 아는 외국인들에게도 부탁했다. 참여 인원은 동양인 100명, 서양인 100명만 넘겨 보는 걸 목표로 했다.

결과는 기대 이상이었다. 총 2483명이 응답했고, 이중 서양인이

카드뉴스 〈핼러윈데이-동서양 만나면 공포가 다르다?〉 (2015년 10월, 신정희 에디터)

유혹할 상대는 누구인가 – 타깃 설정

150명 가까이 참여해 유의미한 결과를 얻을 수 있었다. 결과를 정리하면, 서양인은 귀신보다 기괴한 형체를 더 무서워하지만, 동양인은 귀신과 기괴한 형체 모두 무서워했다. 귀신이든 기괴한 형체든 무서워하는 정도는 동양인이 더 심했다. 우리는 이 결과를 2차 카드뉴스로 만들었다.

대부분의 설문지는 머리 아프고 지루한 반면, 이 설문지는 공포를 체험할 수 있다는 호기심을 자극해 이렇게 참여를 이끌어 낸 것으로 보인다.

스브스뉴스 페이스북 메신저로 평소 다양한 질문과 제보가 접수된다. 손님과 스브스뉴스와의 가장 중요한 소통 창구인 셈이다. 우리는 이 공간을 더욱 적극적으로 활용해 보기로 했다. 이를 위해 만든 것이 〈도와줘요 스브스〉 코너다. 어디에 대놓고 물어보기엔 사소하지만 정말 궁금한 것을 스브스뉴스에 물어보면 성심성의껏 알아보고 답해 준다는 콘셉트다.

페이스북 메신저로 추가 질문과 제보가 많이 들어오도록 할 방법을 고민하다가 좋은 아이디어가 떠올랐다. 바로 메신저 공간을 최대한 활용하는 것이다. 페이스북 메신저로 독자가 질문해 오면 성실히 취재한 뒤 다시 페이스북 메신저로 답을 해 주고 이 과정을 모조리 캡처해 카드뉴스로 만드는 것이다.

평소에도 페북 메신저로 접수된 질문을 참고해 궁금증을 해결하는 카드뉴스를 제작해 왔다. 그런 면에서 〈도와줘요 스브스〉는 내용

페이스북 문답을 그대로 옮긴 카드뉴스
〈도와줘요 스브스!〉 (신정희 에디터)

상 기존 카드뉴스와 별 차이가 없고, 다만 페북 메신저라는 공간에서 문답한 모습을 그대로 보여 줬다는 점만 다르다.

그런데 결과는 놀라웠다. 이후 페이스북 메신저로 질문이 폭주했기 때문이다. 이 코너를 담당한 에디터가 질문자가 너무 많아 도저히 답을 해 줄 수 없다고 만세를 부를 만큼 반응이 뜨거웠다. 결국 이 방식은 우리 인력으로는 도저히 소화할 수 없을 만큼 질문이 쏟아져 계속 이어갈 순 없었다. 하지만 고객과 소통하는 모습을 있는 그대로 보여 줬을 때 얼마나 많은 참여를 이끌 수 있는지 보여 주는 사례라 하겠다.

봉사를 자주 해 본 사람들은 알 것이다. 함께 착한 일을 한 사람들은 금세 친해진다. 함께 뭔가 뜻 깊은 일을 했다는 것만으로도 유대감이 생긴다. 미디어도 착한 일을 함께 하며 독자와 유대감을 쌓을 수 있다.

기사를 읽거나 TV 프로그램을 보다 보면 그 속에 등장하는 주인공을 돕고 싶다는 생각이 들 때가 있다. 우리 사회에 이런 따뜻한 마음을 가진 분들은 많지만 도울 방법을 찾는 것은 쉽진 않다. 도움이 필요한 주인공을 찾기까지 번거롭고, 누군가에게 전달을 부탁해도 공인된 기관이 아니라면 불안하다.

그래서 SBS가 사회복지 단체들과 힘을 합해 공익적 임무를 조금 더 적극적으로 수행하려고 만든 크라우드 펀딩 서비스가 '나도펀딩'이다. SBS 뉴스와 방송 프로그램, 스브스뉴스에 사연이 나올 때 말미에 후원할 수 있는 결제 시스템을 덧붙이는 방식이다.

권영인 기자와 이슬기 차장이 공동 기획한 나도펀딩이 첫발을 내디딘 지 2년 만인 2016년, 국내 크라우드 펀딩 역사상 가장 큰 금액이 모금된 사건이 일어났다. SBS 〈세상에 이런 일이〉에 소개된 신경섬유종 환자 심현희 씨의 사연을 소개하고, 수술비 마련을 위한 모금을 시작했는데 무려 5만 명이 참여해 10억 원(나도펀딩 + 네이버 해피빈 통합)이 걷혔다. 대기업이 거액을 기증한 것도 아니고 개인들이 1~3만원씩 기부한 게 쌓이고 쌓여 아무도 예상하지 못한 큰 금액이 모금된 것이다.

심현희 씨 사례 외에도 나도펀딩과 스브스뉴스는 크고 작은 크라우드 펀딩을 성공시켰고, 작은 정성을 보태며 함께한 독자들과 유대감을 쌓을 수 있었다. 하지 림프부종을 앓아 한쪽 다리가 심하게 부어

SBS 〈세상에 이런 일이〉와 함께 벌인 심현희 씨 돕기 클라우드 펀딩 (이슬기 차장, 정석형, 이영재 에디터)

나도펀딩 〈잊어선 안 될 우리 모두의 역사〉 (이아리따 에디터)

오른 '코끼리 아빠' 수술비 마련 프로젝트로 1억 원이 넘게 모금됐다. 아시아의 위안부 피해 할머니 사진을 찍어 세계에 참상을 알리는 사진가를 돕는 프로젝트를 벌여 1천 8백만 원을 모아 전달했다.

지갑을 털어 후원해 준 착한 독자들. 참 신기한 건 감사 인사를 받아야 할 그들이 오히려 우리에게 감사 인사를 해 오곤 한다는 것이다. 독자에게 사회의 어두운 면에 늘 관심 가져 줘서 고맙다는 감사 인사를 받으면 어리둥절하고 감동을 받는다.

독자와 함께 선행을 한다는 것. 수혜를 받는 주인공뿐 아니라 후원자와 미디어 모두에게 참 좋은 일이고 모두를 행복하게 하는 1석 3조의 선물을 나누는 것이란 생각이 든다.

CHAPTER 3

감정이
전해지게
하라
- 공감 스토리텔링

공감하고 소통할 때
매력을 느낀다

●

공감이란 단어가 난무한다. 소통의 중요성이 강조되면서 덩달아 공감
도 매우 흔한 단어가 됐다. 그도 그럴 것이 공감하지 못하는 대화는 겉
돌게 마련이고 당연히 그런 소통은 알맹이 없는 형식에 그치게 된다.

　교수와 학생과의 대화, 팀장과 팀원과의 대화를 떠올려 보면 쉽게
이해할 수 있다. 한 사람만 일방적으로 이야기를 하고 있고, 나머지는
바른 자세로 대화를 듣고 있는 척만 하는 상황. 생각만 해도 지루하기
짝이 없다. 얼른 그 자리를 박차고 나와서 마음 편하게 삼삼오오 이야
기를 하고 싶어지는 분위기다.

　'소통하자', '소통하라', '소통하고 싶다'. 불통의 대통령 시대를 거
치다 보니 시대정신마저도 소통이 대표적인 키워드로 강조된 세상이
기도 하다. 그런데 너무 소통이 강조된 탓일까? 너무 소통, 소통 하다

보니 공감이란 말이 굉장히 의무적이고 무거운 느낌으로 다가온다.

공감이란 말을 꺼내는 순간 오히려 공감이 안 된다. 세대간, 집단간, 지역간 무언가 갈등이나 위계가 함축돼 있는 모임이나 행사가 있을 때마다 공감은 덧발라져 있다. 공감 콘서트, 공감 마당, 공감 토론…. 공감이 중요하긴 하지만 공감이 강조될수록 오히려 공감이 안 가는 역설적인 상황이 빈번하게 벌어진다. 공감을 못하는데 소통이 제대로 이뤄질 턱이 없다.

초창기의 스브스뉴스가 그랬다. 2015년 초 스브스뉴스를 만들었을 때, 20대와 공감하는 뉴스를 만들겠다고 공언하고 시작했다. 그들이 좋아할만한 소재를 선택해 그들의 문법에 맞춰서 그들이 많이 이용하는 SNS 공간으로 직접 찾아가 콘텐츠를 뿌렸다.

내용과 형식에서 손색없다고 자부했지만, 스브스뉴스 페이스북

초창기 제작했던 〈꿀팁〉 카드뉴스

감정이 전해지게 하라 – 공감 스토리텔링

계정에 올라간 콘텐츠는 좋아요 100개를 받기도 어려웠고, 댓글은 20~30개를 넘지 않았다. 솔직히 말하자면 댓글 중 절반은 내부자들의 '주작'이었고, 절반의 절반은 또, 내부자들의 지인, 혹은 지인들의 지인들이었다. 순수하게 외부인들이 달아 준 20~30%의 댓글은 대부분 '노잼' 또는 '핵노잼'이었다.

왜 그랬을까? 시행착오를 몇 달 거치면서 이 물음에 대한 답을 찾기 위해 하루에도 몇 번을 고민을 거듭했다. 잘 될 것 같았는데, 잘 만든 것 같은데 이른바 '터지는' 콘텐츠가 도무지 나오질 않았다. 나중에 깨닫게 된 이유였지만, 그중 중요한 이유가 바로 공감이 가지 않는다는 거였다.

당시에는 웃기려고 엄청 애를 썼다. 어떻게 하면 우리 콘텐츠가 재미있게 보일 수 있을까 힘을 줬다. 그렇다 보니 좀 유행한다는 웃긴 짤을 갖다 쓰고, 유행한다는 드립을 해 보기도 하고, 많이 쓴다는 이모티콘을 덕지덕지 붙이기도 했다. 나름 열심히 모니터를 해서 유행한다는 건 열심히 한데 모아 놨는데 반응은 시큰둥했다.

당연했다. 어설프게 갖다 옮겨 놓기만 했으니 사람들이 좋아할 리가 없었다. 콘텐츠 소비의 달인이 되다시피 한 요즘 사람들을 상대로 어설프게 따라 한 콘텐츠로 유혹하려 했으니 그게 팔릴 리가 있나.

매력적인 콘텐츠는 '공감 스토리텔링'이다. 공감 스토리텔링이란 무엇일까? 우선 공감이란 말의 부담을 덜어야 한다. 남의 마음을 정확하게 이해하는 게 어디 쉬운 일인가. 억지로 상대에게 "불편한 게 뭐니?", "하고 싶은 말이 뭐니?"라고 대답을 요구할 것이 아니고 "네가 불편한 게 이거지?", "네가 알고 싶은 게 이거지?"라고 섣부르게 상대의 마음을 아는 척할 것도 아니다. 오히려 그럴수록 공감 지수는 반비례하게 돼 있다.

공감이란 말을 가만히 살펴보면 그 안에 답이 있다. 공감은 말 그대로 감정을 같이 한다는 뜻이다. 기쁘거나 슬프거나 화나거나 재미있거나 상대가 느끼는 감정을 나도 비슷하게 느끼고, 내가 느끼는 감정을 상대도 비슷하게 느끼는 상황을 의미한다. 그렇다면 공감 스토리텔링은 내가 하고 싶은 이야기의 감정을 상대도 느끼게 하는 것이라 하겠다.

공감 스토리텔링은 여기서 시작한다. 내가 하고 싶은 이야기가 상대를 웃기고 싶은 이야기이면 철저하게 웃겨야 한다. 내가 하고 싶은 이야기가 화나게 하는 이야기이면 상대가 보고 나서 화나게, 내가 하고 싶은 이야기가 슬픈 이야기이면 상대가 보고 나서 슬프게 해야 한다.

직접 얼굴을 보고 이야기를 전할 수 있는 상황이 아니라면 내가 만드는 콘텐츠가 전하고 싶은 감정을 정확하게 상대에게 전달할 수 있어야 한다. 콘텐츠가 갖고 있는, 전하고자 하는 스토리의 감정을 제대로 전달하는 게 다름 아닌 공감 스토리텔링이다.

앞에서 이야기했던 상황을 다시 떠올려 보자. 교수와 학생, 팀장과 팀원의 회식 자리다. 교수나 팀장은 이야기를 듣고 있는 사람들을

감정이 전해지게 하라 – 공감 스토리텔링

웃기려고 마구 '썰'을 풀어 놓는다. 모두가 그렇다고 할 수 없지만, 대부분 재미가 없다. 억지로 웃어 줄 뿐이다.

팀장이 무언가 화가 나서 팀원들을 불러다가 마구 이야기를 하고 있는 상황에서 과연 팀원과 팀장이 공통적으로 화가 날 상황이 얼마나 될까? 대부분 팀장 혼자 화나고, 그런 팀장을 보는 팀원들은 대부분 그런 팀장이 짜증날 뿐이다. 친구 관계로 돌려 볼까? 정말 화나는 상황인데 혼자 웃는 친구, 진짜 웃긴 상황인데 혼자 무덤덤한 친구, 아무도 웃지 않는데 혼자 재미있다고 오버하는 친구… 공감 지수 제로인 사람은 우리 주변에도 수두룩하다. 이것이 감정이 공유되지 않는 상황, 공감 스토리텔링이 되지 않는 현장이다.

공감 스토리텔링의 시작은 콘텐츠에 담으려는 감정을 충실하게 전달하는 것에서 출발한다. 재미없는 이야기를 웃기다고 아무리 말해봐야 소용없다. 기본적으로 재미없는 이야기를 아무리 포장하고 덧칠해봐야 그냥 재미없다.

이야기를 시작하기 전에 스토리로 상대를 웃길 건지, 울릴 건지, 화나게 할 건지 결심해야 한다. 무엇을 전할지 선택했다면 그 감정을 충실하게 전달할 수 있도록 집중해야 한다. 구성도, 이미지도, 문법도. 스토리텔링에서 이것만 할 줄 알아도 최소한 기본은 한다.

공감 스토리텔링의 핵심은 내 감정을 잘 전달하는 것이다. 쉬운 말처럼 들리지만 사실은 쉽지 않다. 억지로 화나게 만들다간 '프로불편러'라는 핀잔을 듣기 쉬울 것이고, 억지로 웃기려고 하다간 '어그로'

가 심하다는 댓글이 줄줄이 달릴 것이다. 재미없는 걸 재미있다고 만들었다간 '노잼'이란 욕이 줄줄이 달릴 것이다. 공감을 얻어 내지 못하는 콘텐츠의 댓글 창들에서 벌어지는 우울한 일들이 대부분 그런 것들이다.

진정한 마음만이
통한다

2015년 큰 화두 중 하나는 '신발 깔창 생리대'였다. 이 기사는 모 언론사가 첫 기사를 써서 상을 많이 받았다. 하지만 자부하는 건 이 화두를 세상에 알린 건 스브스뉴스였다. 당시 한 팀원이 신발 깔창 생리대 소식이 트위터에 많이 리트윗되고 있다며 발제를 했다.

이미 일부 언론사가 그 트윗을 단순히 옮기는 어뷰징 기사 형태로 인터넷용 기사를 써 놓은 상황이었다. 트윗 하나만 단순히 옮겨놓고 트래픽을 얻어 가고 있는 상황에서 우리는 그 실체를 확인하고자 했다. 물어물어 찾아간 끝에 실제로 깔창을 생리대를 쓰고 있는 여학생을 만날 수 있었다. 그리고 그 이야기를 콘텐츠로 만들어 스브스뉴스로 내보냈다.

반응은 엄청났다. 페이스북에서만 수백만 명에게 도달했고, 같이 진행했던 크라우드 펀딩도 수천만 원이 모금됐다. 어느 국회 보좌관은 우리 콘텐츠를 보고 법안을 발의하겠다고 이야기를 할 정도였다. 그냥 남이 하고 있는 이야기를 전하고, 화날 것 같은 이야기니까 옮겼다면 스브스뉴스는 공감하는 콘텐츠 제작자로 남지 못했을 것이다.

카드뉴스 X 나도펀딩 〈선생님... 저 생리대 살 돈이 없어요.〉 (2016년 5월, 권혜정 작가, 김여솔 인턴)

감정을 공유하려면 무엇보다 진정성이 앞서야 했다. 직접 발굴한 소재로 사람들을 웃기고, 직접 들은 안타까운 이야기로 사람들의 공분을 만들고, 기존 언론에서는 잘 다루지 않는 인물을 직접 인터뷰해서 신기한 감정을 나누고…. 우리가 만드는 콘텐츠에 진정성을 담아서 스토리텔링을 만들었더니 우리가 전달하고자 했던 감정이 사람들에게 바르게 전달이 됐다. 굳이 짤을 베껴 오지 않아도, 억지로 드립을 치지 않아도, 사람들은 우리 콘텐츠를 보고 웃고, 울고, 화를 내고 있었다.

공감 스토리텔링에서 진정성이란 어설프게 남의 것을 영혼 없이 따라 하지 말고, 웃기든 울리든, 화나든 나만의 콘텐츠를 만드는 것이다. 셀 수 없이 수많은 콘텐츠가 쏟아져 나오는 상황에서 어설프게 따라하는 진정성 없는 콘텐츠로는 결코 오래 살아남을 수 없다. 베껴서 만드는 것들이 무조건 실패한다고 할 수는 없지만, 그리 오래가는 건 보지 못했다. 아예 베끼는 걸 콘셉트로 영혼을 담아 베낀다면 그건 좋아할 사람이 생기긴 하겠다.

진정성이 있는 콘텐츠란 그럼 무얼까? 진정성의 수준이야 다양하겠지만, 너무 어렵게 생각할 필요 없다. 내가 만든 콘텐츠가 다른 사람들의 콘텐츠보다 다른 게 하나라도 있다면 그건 진정성이 있는 콘텐츠다. 참신한 소재부터 독특한 구성, 작은 디테일까지 무언가 다른 콘텐츠들과 다르게 보이기 위해 노력한 흔적이 드러난다면 진정성이 담긴 콘텐츠가 된다.

그 진정성이 지속적으로 반복되고, 콘텐츠 소비자들에게 전달된다면 그들은 곧 구독자가 되고 팬들이 될 것이다. 진정성 있는 콘텐츠를 제작하는 구체적인 방법은 4장에서 더 자세히 다루기로 하겠다.

하고 싶은 이야기 VS
듣고 싶어 하는 이야기

●

공감 스토리텔링의 세 번째 핵심은 '남이 누군지 알라'이다. 주변을 보면 정말 도대체 이야기를 듣고 있는 사람이 누구인지 생각하지 않고 말하는 사람들이 너무나 많다. 상대방의 관심사는 무언지, 지금 하는 이야기가 혹시 상대를 아프게 하지 않을지, 최근에 어떤 일을 겪었는지, 이런 고급 정보까지 알지 못하더라도 최소한 지금 상대가 기분이 좋은지 나쁜지 정도는 표정을 읽고 이야기를 해야 하는데, 그냥 주야장천 자기 이야기만 풀어 놓는다.

이런 사람은 딱 두 부류다. 상대방에게 관심이 없든가 아니면 스토리텔링의 기술이 부족하거나. 스토리텔링 기술이 부족한 사람은 아쉬운 대로 이해해 줄 수 있지만, 상대방에 전혀 관심이 없는 사람이 마치 공감하는 듯 이야기하면 정말 면전에 대고 콧방귀를 세게 한 번 빵

꿰어주고 싶다.

공감 스토리텔링에서 매우 중요한 게 바로 이야기를 듣는 상대가 누군지 알고 이야기하는 것이다. 콘텐츠 제작자는 누구에게 콘텐츠를 전하고자 하는지 이해해야 한다. 대화를 할 때 내가 누구를 상대로 이야기를 하는지 이해하는 것과 같다.

대화와 콘텐츠 제작에는 중요한 한 가지 차이가 있다. 일상 대화는 상대를 마주 보고 이야기를 하지만, 콘텐츠는 불특정 다수를 상대로 전달해야 한다. 개인 방송을 통해 직접 대화와 비슷한 형식이 구현되고 있긴 하지만, 이것도 방송 규모가 커질수록 점점 불특정 다수와 대화를 하게 될 수밖에 없다. 이런 경우에는 상대방에 맞춰서 일일이 대화를 할 수가 없다.

콘텐츠 제작자로서 상대를 안다는 건 정확한 타깃을 만드는 것이다. 내가 하고자 하는 이야기를 누구에게 전달하겠다는 목표를 잡고 그에 맞게 콘텐츠를 제작해야 한다. 콘텐츠 소비자들의 선택을 받을지 받지 못할지는 나중의 일이다. 가장 먼저 결정해야 할 게 내가 이야기를 할 상대가 누군지 정해야 하는 것이다.

안타까운 실패 사례를 하나 언급하자면, 페이스북 등 SNS 기반으로 콘텐츠 제작을 하겠다고 서비스를 시작한 곳이 있었다. 스브스뉴스가 세상에 좀 알려지면서 비슷하게 나온 유사 서비스 중 하나였다. 그런데 그들이 만들고 있는 콘텐츠에 강남 부동산이 등장했고, 퇴직연금이 등장했다. 그 콘텐츠를 보는 순간 진짜 깜짝 놀랐다.

하나하나 정성을 들여 만들긴 했는데, 20대, 30대와 10대가 전체 이용자의 70%가 넘어가는 SNS라는 공간에 퇴직연금이 웬 말인가! 지금 당장 취업을 못해서 실패를 거듭하고 있는 청년들이 가득한 공간에 그것도 정규직들의 고민거리인 퇴직연금을 콘텐츠의 주제로 정했다는 건 그야말로 자살골을 대놓고 차 넣은 셈이다.

이야기를 할 상대를 명확하게 이해하지 못해 만들어진 참으로 안타까운 상황이다. SNS를 이해하지 못하는 40~50대 부장이나 팀장의 강압적인 주문으로 20대 제작자가 영혼을 버리고 억지로 제작한 콘텐츠가 아닐까?

설정한 타깃층과 내가 만든 콘텐츠가 맞아 떨어진다면 폭발적인 반응을 이끌어 낼 수 있다. 하지만 대다수 타깃 설정에 실패하기보단

영상 〈낚시 역명-제보 편〉 (2015년 4월, 한광우 인턴)

타깃층에 맞는 콘텐츠를 만드는 데서 실패하는 경우가 많다. 유혹할 상대가 무슨 이야기를 듣고 싶은지 먼저 생각해야 한다. 내가 하고 싶은 이야기만 일방적으로 하면 그들은 지루해져 떠날 것이다.

공감 스토리텔링이란
무엇인가

공감 스토리텔링에서 강조했던 게 세 가지였다. 감정 전달에 충실할 것, 진정성 있게 할 것, 그리고 누구에게 이야기를 할 건지 정확하게 이해할 것.

스브스뉴스를 만들면서 이 세 가지를 놓고 지금도 수많은 시행착오를 거치고 있다. 공감 스토리텔링에 대해 말하고 있는 이 순간에도 터지는 콘텐츠를 만들기 위한 확률을 높이는 방법을 계속 고민하고 있다. 이 말을 꺼내는 이유는 콘텐츠 시장에서만큼은 정말 '영원한 건 절대 없다'고 말해 주고 싶기 때문이다.

스토리텔링이란 말은 흔히 듣는 말이지만, 정작 스토리텔링을 잘하는 방법에 대해서 이야기해 보라고 하면 결코 간단하지 않다. 학교에서 기-승-전-결, 서론-본론-결론, 두괄식, 연역적 구성… 이런 스토리 관련 이론은 한번쯤 들었지만, 그런 개념을 알고 있는 것과 스토리를 잘 만드는 건 완전히 별개의 일이다.

스토리텔링이 중요해지다 보니 스토리텔링을 잘 할 수 있게 도와준다는 각종 비법 전수서, 수학 공식 같은 스토리텔링 학습서 등이 많이 나오고 있다. 단언컨대 잘 팔리는 스토리를 만드는 스토리텔링 공식 같은 건 절대로 없다. 만약 그런 수학적인 공식이 있다고 자랑하는 사람이 있다면 분명 '사기꾼'이다. 왜냐하면 이야기를 재미있게 하는 방법은 정말 셀 수 없이 다양하고, 반대로 이야기를 재미없게 만드는 변수도 정말 다양하기 때문이다.

그 수많은 변수를 통제하고, 수학 문제 풀듯 훌륭한 이야기를 찍어낸다는 건 불가능하다. 그럼에도 불구하고, 스브스뉴스를 만들면서 스토리텔링에 대해서 느꼈던 지극히 개인적인 생각들을 몇 가지 용기내 이야기를 해 보자면 이렇다.

우선 스토리텔링이란 말에 부담을 더는 게 무엇보다 중요하다. 스토리텔링에 자신이 없어지면 일단 말이 길어지고, 도입부가 무거워진다. 뭔가 나름 엄청 고민에 고민을 거듭해 이곳저곳에 재미를 더하는 요소를 박아두지만, 정작 본인만 재밌는 경우가 많아진다.

모바일일수록 콘텐츠는 심플하고 간결해야 한다. 두 번 봐야 이해되는 이야기, 두 번 봐야 웃긴 이야기는 100% 망하게 돼 있다. 영화나 드라마, TV 프로그램은 이용자가 고민해서 해당 콘텐츠를 이해하려고 노력을 한다. 모바일 콘텐츠, 특히 SNS 콘텐츠는 다르다. 복잡하면 망한다.

복잡하고 어려운 스토리텔링을 하게 되는 이유가 이야기하는 데 부담을 가져서 그런 경우가 허다하다. 뭔가 멋있어야 할 것 같고, 뭔가 보기 좋아야 할 것 같고, 뭔가 더 재미있는 요소가 있어야 할 것 같고… 그러면 망한다.

도대체 그 부담을 어떻게 덜어내란 말인가. 친구한테 이야기하는 상황을 떠올려보라. 이야기하는 사람은 스토리텔러고, 스토리텔러가 말하는 콘텐츠가 바로 스토리텔링이다. 친한 사람에게 보여 주거나 들려줬을 때 그 사람이 웃고, 재미있다고 말하는 건 다른 사람도 그럴 확률이 대단히 높다. 친구들하고 이야기하는 것과 스토리텔링은 별로 다를 바 없다.

디지털 스토리텔링은 극단적인 역피라미드 구조를 추천한다. 페이스북에서 사람들이 콘텐츠를 소비하는 평균 시간을 재 봤더니 1.2초 정도 나온다고 앞에서 말했던 게 기억날 것이다. 1.2초 안에 사람들의 시선을 사로잡지 못하면 살아남기 힘들다.

그래서 이야기 구성은 극단적인 역피라미드 구조가 가장 경쟁력이 있다. 가장 자신 있는 걸 앞에 모두 쏟아 붓고 사람들의 시선을 잡은 다음에 이야기를 풀어 나가도 사람들이 볼까 말까 한다. 영상일 경우 전통적인 방식으로 타이틀 만들고, 인물 소개하고, 풀샷으로 돌아다니고 그러면 실패 확률은 100%에 가깝다.

카드뉴스도 마찬가지다. 제목을 포함해 앞부분 3장에서 사람들의 시선을 잡지 못하면 사람들은 무조건 떠난다. 최대한 역피라미드에 가깝게 구성하는 게 좋지만 이게 다 정답은 아니다. 전혀 유명한 사람이 없는데도, 피라미드식으로, 그것도 매우 느릿느릿 구성했는데도 많은 사람들이 보는 경우가 있다. 분명 확률은 낮지만, 확률은 그야말로 확률이다. 낮은 가능성을 뚫고 성공하는 반대 경우도 있다는 건 잊지 않길 바란다.

또 하나 중요한 요소는 반전이다. 댓글 창에 흔히 '소오름'이라고 외치는 댓글이 이어 달리면 그 콘텐츠는 무조건 성공한다. 반전이 없는 콘텐츠가 성공할 수도 있지만, 반전이 통하는 콘텐츠는 크게 터진다. '소오름'을 돋게 만든 순간 콘텐츠 이용자들은 친구를 소환하고, 댓글을 달고, 공유를 해간다. 하다못해 좋아요라도 누르게 돼 있다.

유튜브나 페이스북의 인공지능은 아직 콘텐츠가 좋은 건지 나쁜 건지 구분하지 못한다. 평론가들처럼 콘텐츠를 보고 평가를 할 수 없다는 말이다. 인공지능이 봤을 때 좋은 건 사람들이 많이 반응하는 콘텐츠다. 이런 콘텐츠는 자동으로 퍼져 나간다.

사람들이 그냥 보기만 하고 반응하지 않는 콘텐츠는 퍼져 나가기 어렵다. 때문에 반전은 더 중요한 요소가 된다. 반전이 제대로 터진 순간 사람들은 열정적으로 반응을 보이게 되고, 그 반응은 인공지능의 알고리즘을 자극해 이야기를 더 퍼져 나가게 힘을 실어준다.

그렇다면 반전은 어떻게 해야 할까. 지난해 본 콘텐츠 중에 가장 반전의 묘미를 가장 디지털적으로 잘 살린 콘텐츠 하나를 추천한다.

스브스뉴스 콘텐츠도 있지만, 정말 추천하고 싶은 콘텐츠가 하나 있다. 티몬이 만든 '가지... 마'. 이건 꼭 한번 봐 주길 바란다. 광고와 콘텐츠, 재미와 감동 사이를 넘나들면서 반전의 재미를 제대로 보여 줬다.

B급이 아니라
B플러스로

●

제일 처음 스브스뉴스를 시작했을 때는 뉴스를 TV로 보지 않는 20대들에게 그들의 문법과 그들의 방식에 맞춰서 뉴스를 만들어 전달하고자 했다.

2015년 당시 유행했던 키워드가 이른바 'B급 문화'였다. 기성 문화에 대항해 탈권위적이고 개성이 강한 B급 문화가 젊은 세대의 대표적인 문화 트렌드 키워드였다. B급의 핵심은 또 '병맛'이란 키워드였다. 스브스뉴스도 그 두 가지를 메인 테마로 잡고 시작했다. 뉴스를 병맛나게 만들어서 B급 정서에 맞게 제작하려고 노력했다.

뉴스가 뉴스다워야지 뭐하는 짓이냐고 걱정하고 비난하는 사람들이 주위에 꽤 있었다. 더 정확하게 말하자면 우리가 뭘 하는지 별로관심이 없었다. 왜냐하면 뉴스를 만드는 영역에서는 제대로 된 비주

감정이 전해지게 하라 — 공감 스토리텔링

류였기 때문이다. 그렇게 스브스뉴스는 무관심 속에서 시작됐다.

20대라는 명확한 타깃을 잡고 병맛과 B급이라는 확실한 콘셉트를 갖고 시작했다. 20대로 구성된 제작진으로 진용도 갖췄다. 이제 시작하면 바로 성공할 것 같은 자신감을 갖고 있었다.

그러나 첫 삽을 뜬 2015년 1, 2월은 정말 참담한 스브스뉴스의 흑역사였다. 모든 게 갖춰졌다고 생각했는데 발행하는 콘텐츠마다 죄다 실패했다. 제대로 성공했다 싶은 게 하나 없을 만큼 처참하게 실패했다. 기대했던 바이럴은커녕 스브스뉴스 타임라인은 깊은 산 절간 같이 고요하고 심심했다.

간혹 달리는 댓글은 "노잼", "뭐하는 님들임?" 같은 글이 대부분이었다. 참담했다. 나름 몇 개월을 야심 차게 준비하고 기획했던 새로운 뉴스 서비스가 그렇게 비참하게 실패하는 현장을 직접 보고 있는 건 결코 쉬운 일이 아니었다.

실패를 거듭하길 한 달이 조금 넘어가고 있을 즈음에는 야심 찼던 실험을 이제 접어야 하나 심각하게 고민을 하기도 했다. 주변에서는 뭐 그럴 줄 알았다는 비아냥거림까지 들렸다. 그때 마지막으로 한 번만 더 우리가 기획했던 전략을 되짚어 보기로 했다. 도대체 무엇이 문제이기에 안 되는 건지 스스로 되물어 보았다.

안 되는 집안이다 보니 문제점이 한두 개가 아니었다. 잘 되는 집안이야 안 좋은 것도 좋은 것으로 해석되겠지만, 워낙 안 되다 보니 죄다 문제점처럼 보였다. 결론 없는 고민을 거듭하고 있을 때 한 댓글이 눈에 들어왔다. "너희는 지상파잖아?", "스브스는 지상파 아님?" 이런 유의 댓글이었다.

초기에는 사람들이 스브스뉴스라는 브랜드를 잘 몰라서 그런 댓글을 다는 건가 생각했다. 세상에 없던 B급 뉴스를 해 보자고 시작했으니 정말 병맛 나는 뉴스를 하다 보면 지상파 자식이라는 꼬리표도 사라질 것이라고 자신했다. 그런데 문제점이 무엇인가 고민을 계속하고 있을 때, 가장 본질적인 경쟁력이라고 생각했던 부분에 의문이 생기기 시작했다.

우리가 과연 병맛나게 B급을 제대로 할 수 있을까, 세상에 병맛나게 드립 치고, 속 시원하게 욕을 섞어 가며 까주는 사람들이 천지인데 과연 우리가 그들보다 더 시원하고, 재미있고, 자극적으로 갈 수 있을까, 우리가 B급 문화를 좋아하는 20대를 타깃으로 한다고 했는데 과연 B급 문화를 좋아하는 20대가 우리를 좋아할까? 근본적인 고민은 계속됐다. 그리고 얻은 결론은 새로운 타깃 설정이었다.

아무리 생각해도 제대로 된 B급을 만드는 사람들과 경쟁하는 것은 무리였다. 그리고 이미 그들에게 익숙해져 있는 콘텐츠 소비자들이 굳이 우리 것을 볼 이유가 없었다. 그렇다면 처음 잡았던 우리의 타깃을 바꿔야 했다. 왜냐하면 세상은 넓고 소비자는 그래도 아직 남아 있으니까!

지상파 자식이라는 색깔을 완전히 벗어 버리려고 했지만, 그럴 수 없다는 걸 깨닫기까지 두어 달이 걸렸다. 완전히 탈색하지 못한다면

감정이 전해지게 하라 – 공감 스토리텔링

역으로 이용해야겠다는 생각이 들었다. B급 시장에서 승부를 보지 못한다고 해서 기성 매체들이 있는 A급 시장으로 갈 이유도 없었고 승산도 없었다. 그래서 찾은 틈새시장이 B+였다.

재미있는 콘텐츠들이 가득 차 있는 B급 시장에서도 뭔가 아쉬운 부분이 있었다. 그건 바로 신뢰도였다. 온갖 정보들과 소문들이 B급 컨텐츠 시장에 난무했지만, 당시만 하더라도 누구 하나 제대로 확인하거나 검증하는 역할을 담당하지 않았다. 그냥 재미있게 보고 넘기면 될 일이었고, 사실이 아니어도 그만이란 분위기가 컸다. 그래도 요즘 말로 '이거 실화임?'이란 궁금증을 해결하고픈 갈증들은 있었다.

그게 바로 B+ 시장이라고 생각했다. 재미있지만, 뭔가 믿을 만한, 묵직한 것 같은데 뭔가 재미있는…. 재미있지만 정확한 스토리를 만드는 스브스뉴스의 새로운 정체성이 그렇게 해서 재탄생했다. 병맛스러움만 좋아하는 타깃이 아닌 그래도 유익하거나 믿을만한 정보가 있는 것을 선호하는 대상으로 타깃을 변경했다. 재미있으면 그만이라는 소비층이 아니라 재미있으면서도 뭔가 메시지가 담긴 그런 콘텐츠를 집중적으로 만들기 시작했다.

새로운 전략은 제대로 먹혔다. 하루 10개 넘기 힘들었던 댓글이 수천 개씩 달리기 시작했고, 스브스뉴스를 찾아서 오는 사람들이 엄청난 속도로 늘어났다. 불과 한 달 전만 하더라도 파리가 날리던 타임라인이 타깃과 콘셉트를 조금 바꿨을 뿐인데 찾아오는 사람들로 드글드글했다.

문 닫기 직전까지 몰렸던 상황이다 보니 매일 아침 눈뜨면 스마트폰 새로 고침으로 스브스뉴스 페이스북에서 좋아요가 늘어난 숫자를 확인하고, 매일 저녁 자기 전에도 새로 고침 한 번 더 해서 뿌듯한 마음으로 잠자리에 들곤 했다.

어느 상품 시장이나 다 마찬가지겠지만, 콘텐츠 시장도 역시 누구를 타깃으로 할 것인가를 명확하고 정확하게 이해하고 있어야 한다는 걸 뼈서리게 느낀 시기였다. 내 물건, 내 이야기가 정말 좋다고 아무리 우겨봐야 살 사람이 좋다고 생각하지 않으면 그건 안 좋은 물건이다. 재미있는 이야기라고 정말 공들인 이야기라고 아무리 타임라인에 소개해 봐야 사람들이 좋아요를 안 누르면 그냥 한두 시간 안에 사람들의 타임라인에서 사장되고 만다.

내가 갖고 있는 이야기가 누구의 관심을 끌 수 있을지 정확하게 파악하고 전략을 짜야 콘텐츠 시장에서 살아남을 수 있다. 진입하고 싶은 시장에 아무리 들어가려고 해도 내가 갖고 있는 이야기가 그 시장 안에 있는 사람들이 좋아하고 공감하는 게 아니라면 아무리 진정성 있는 노력이라도 실패로 돌아갈 가능성이 매우 높다. 그만큼 타깃 설정은 중요하다. 엉뚱한 데 힘 빼지 않으려면 그것부터 잡고 가야 한다.

CHAPTER 4

거짓은
마음을
움직일 수 없다
- 진정성

국숫집 할머니 이야기가
보여준
진정성의 가치

●

아침 아이템 회의 도중 숙명여대에서 열린 김장 김치 행사 소식을 한 에디터가 카드뉴스로 만들어 보자고 발제했다. 환경미화원 아주머니들이 학생들에게 김치를 선물하는 행사였다. 겨울이 되면 수많은 곳에서 불우 이웃 돕기 김장 김치 행사가 열린다. 대단할 것이 없는 소소한 행사를 굳이 전할 필요가 없다고 생각하고 나는 그냥 다음 발제 아이템으로 화제를 넘기자고 했다. 그때 발제한 에디터가 말했다.

"잠깐만요, 이거 그저 그런 김장 행사와는 완전 달라요. 진짜 마음이 담긴 거라고요."

자세히 들여다보니 이건 일반적인 김장 행사가 아니었다. 숙명여대는 한때 교내 인원 감축 계획을 발표했다. 환경미화원과 경비원을 정리 해고 하겠다는 것이었다. 학생들은 정든 아저씨 아주머니들을 그냥 보낼 수 없다며 피켓 시위까지 벌이며 거세게 반발했고, 결국 학교는 정리 해고 계획을 철회했다.

학생들 덕분에 남을 수 있게 된 아저씨 아주머니들은 그 고마운 마음을 담아 김장 행사를 준비한 것이었다. 학생들 손에 쥐어진 그 김장 김치의 액면가는 그리 크진 않겠지만, 그 속에 담긴 마음의 값어치를 과연 누가 계산할 수 있을까.

이 사연을 담은 카드뉴스는 페이스북에서만 2백만 명 넘는 사람들에게 도달했고, 주요 포털 사이트 메인에 오르며 큰 반향을 일으켰다. 사실 제작 과정에서부터 반응이 좋을 것이라는 걸 어렵지 않게 예상했다. 그 카드뉴스를 만드는 에디터의 눈빛만 봐도 알 수 있었다. 만들면서도 "아 짠하다~", "완전 감동이야!"와 같은 수식어를 내뱉으며

카드뉴스 〈숙명여대 김치 사건〉 (2016년 12월, 나애슬 인턴)

눈가에 촉촉한 것이 맺히는 걸 봤기 때문이다. 마음으로 만든 콘텐츠는 틀림없이 반응이 좋다.

한번은 온라인에서 화제가 된 국숫집 할머니 사연을 전하기 위해 에디터를 해당 국숫집으로 보냈다. 그런데 취재를 다녀온 에디터가 울상이었다. 할머니가 인터뷰를 완강히 거부하셨기 때문이다.

할머니는 얼굴 알려지기 싫다고 사진도 찍지 말라고 손사래 치셨고, 아무리 설득해도 "그냥 국수나 한 그릇 먹고 가."라며 등을 돌리셨단다. 안타까운 마음에 에디터는 등 돌린 모습을 사진으로 담았다. 그래서 결국 그날 국숫집을 방문해 건진 것이라고는 사진 한 장과 온라인에 알려진 소문이 사실이었다는 팩트 확인이 전부였다.

접을까 망설이다가 우리는 그냥 있는 그대로 전하자고 했다. 한 노숙자가 너무 배가 고파 국수를 먹은 뒤 돈을 안 내고 도망가는데, 할머니가 "그냥 가! 뛰지 말고! 넘어지면 다쳐!"라고 소리쳐 그 노숙자가 엉엉 울었다는 사연, 그리고 스브스뉴스 에디터가 방문하자 별일 아닌데 조명되는 게 싫다며 인터뷰를 거절한 사실을 가감 없이 그대로 전했다. 이 콘텐츠 역시 페이스북에서만 100만 명 가까운 사람들에게 도달하며 감동을 안겼다. 댓글에는 보고 울었다는 반응도 있었다.

그냥 국숫집 할머니가 무전취식한 노숙자에게 걱정 어린 한 마디 건넨 게 전부였다. 더 대단한 선행을 한 사람도 넘쳐 날 것이고, 더 극적인 스토리도 온라인에서 넘칠 텐데 왜 네티즌들은 하필 이 스토리에 이토록 열광할까?

에라 모르겠다 배째라 하고 싶었지만
도저히 그럴 자신이 없어
주인 할머니가 다른 국수를 삶는 틈을 타
자리를 박차고 뛰어나갔습니다.

"그냥 가! 뛰지 말고! 넘어지면 다쳐!"

돈을 내지 못할 것을 알면서도
친절하게 맞아 주시고
말없이 한 그릇을 더 내어주시고...

말 한마디 없이 도망가는 저에게 오히려
다칠까 걱정을 하신 거죠.

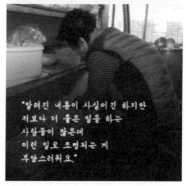

"알려진 내용이 사실이긴 하지만
저보나 더 좋은 일을 하는
사람들이 많은데
이런 일로 조명되는 게
부담스러워요."

카드뉴스 〈국수 먹고 도망친 남자... 할머니가 외친 말 '뭉클'〉 (2016년 2월, 나애슬 인턴)

거짓은 마음을 움직일 수 없다 - 진정성

바로 진정성 때문이다. 아주 소소한 일화지만 그 속에서 묻어나는 할머니 마음의 진정성이 와닿았기 때문이다. 과연 누가 이 할머니의 말과 행동에 다른 의도가 숨어 있을 것이라고 의심할 수 있겠나. 너무나도 진정성이 짙게 느껴지는 스토리다.

유사 이래 지금처럼 젊은 세대가 진정성을 갈구하는 시대는 없었던 것 같다. 여느 때보다도 풍족하지만 여느 때보다도 각박하고 믿기 힘든 세상이 됐기 때문이 아닐까. '노력하면 성공할 수 있다'는 말만 믿고 노력했는데 알고 보니 정유라 같은 금수저가 아니면 기회가 없다는 사실을 뒤늦게 깨달은 세대다. 기성 언론에서 하는 입바른 소리보다 '솔까(솔직히 까놓고 말한다는 뜻의 속어)' 하는 팟캐스트를 더 신뢰하는 세대다. 학교에서 배운 것보다 유튜브에서 배운 게 현실에 더 가깝다는 걸 온몸으로 느끼며 큰 세대다.

젊은이들이 대통령을 두고 얼마나 강한지, 얼마나 권위가 있는지, 얼마나 품위가 있는지, 얼마나 전문성이 있는지보다 더 중요하게 보는 관점이 있다. 바로 진정성이다. 문 대통령에 대한 젊은 세대 지지도가 높은 이유는 그들이 가장 중시하는 잣대인 진정성 측면에서 매우 높은 평가를 받고 있기 때문이 아닐까.

상처받은 약자들에게 달려가 온 힘을 다해 끌어안아 주는 대통령을 보며 젊은이들은 기립박수를 보내고 때론 감동의 눈물도 흘린다. 분명한 건 대중이 아주 확실하게 아래와 같은 의사를 표시하고 있다는 거다.

"우린 진정성 있는 리더를 원한다."

콘텐츠도 마찬가지다. 진정성이 있는지 없는지 네티즌들은 두 눈에 불을 켜고 보고 있다. 그 콘텐츠의 제작자가 어떤 생각으로 이 콘텐츠를 만든 것인지 예의 주시하고 있다. 워낙 겉과 속이 다른 콘텐츠를 많이 봐서 제작자의 속내를 아주 잘 읽는 달인들이 많다.

조회수를 극대화해 광고 수익을 늘리기 위한 것인지, 특정 기업의 홍보를 하려는 것인지, 특정 정파와 뒤로 손잡고 있는 것인지 파악하기 위해 네티즌들은 고도로 단련된 레이더를 늘 가동하고 있다. 그리고 진정성이 의심되는 콘텐츠는 곧바로 외면하고 버린다. 다른 의도가 지나치게 엿보이거나 민망스러울 지경이면 조소 섞인 댓글로 응징한다.

5.18 유가족 위로하는 문재인 대통령

　　　　　　　　　　　　　　거짓은 마음을 움직일 수 없다 - 진정성

역으로 진정성이 있는 내용에는 격하게 반응하고 좋아요나 공유 버튼을 눌러 퍼 나르면서 스스로 홍보 대사를 자처한다. 그렇게 온라인 세상에 진정성 있는 콘텐츠가 널리 퍼진다.

진정성은 콘텐츠뿐 아니라 온라인 플랫폼의 흥망성쇠에 있어서도 주요 변수이기도 하다. 한때 소비시장을 주름잡던 네이버 파워블로그의 아성이 어느 순간부터 무너져 내린 것도 공정거래위원회가 개입할 만큼 홍보성 게시물이 넘치면서 네이버 블로그라는 플랫폼 자체의 진정성에 금이 가면서부터다. 페이스북에서 인스타그램으로 20대들이 옮겨간 것도 페이스북에 점차 기업 홍보물과 광고가 많아진 때부터다.

결국 온라인에서 콘텐츠든 플랫폼이든 살고 죽고는 진정성이 결정한다. 아무리 뛰어난 사람들이 만들고, 내용이 유익해도 진정성이 의심받으면 서서히 외면받다가 끝내 버려진다.

진정성 있는 것과
없는 것의 차이

●

세상에는 참 많은 선행이 있다. 겨울엔 특히 불우 이웃을 돕기 위한 행사도 많고 선행 관련 미담도 넘쳐 난다. 그중에서 네티즌들은 어떤 선행을 두고 진정성 있다고 평가하고 있을까.

일단 '○○기업, 사랑의 연탄 나르기 행사 성황리 개최', '○○그룹, 불우 이웃에게 김치 1000포기 선물' 같은 기사에는 일절 반응하지 않는다. 그 대표는 아마 잠깐 와서 사진 찍고 바쁘다며 다시 리무진에 몸을 실었을 것이고, 동원된 직원들은 시계만 보면서 끝나면 뭐할지 소곤소곤 대는 모습이 자연스레 연상된다. 실제로는 매우 진정성 있었다고 하더라도, 보는 네티즌은 진정성 있는 선행이라기보다는 '그냥 해야 되니까 하는 행사' 정도로 느낀다.

네티즌들이 진정성 있다고 느끼는 선행은 이 정도 돼야 한다. 텔

거짓은 마음을 움직일 수 없다 – 진정성

카드뉴스 〈70조카가 생겼어요!〉 (2016년 12월, 정혜윤 인턴)

런트 박시은 씨 부부의 신혼여행 일화를 취재해 만든 카드뉴스다.

박시은 씨 부부는 뜻 깊은 신혼여행을 다녀오자며 결혼식 뒤 제주
도의 한 보육원으로 향했다. 아이들과 놀아 주며 봉사를 하려고 갔는
데 뜻밖에도 아이들이 잘 다가오지 않는 것이었다. 알고 보니 아이들
은 봉사자들과 친해졌다 이별한 경험을 갖고 있었다. 괜히 정 붙였다
나중에 상처 받고 싶지 않아 연예인 부부가 왔는데도 다가가지 않았
던 것이다.

그 사실을 알게 된 박시은 씨 부부는 봉사 기간이 지난 뒤에도 아
이들과의 연을 놓지 않았다. 3개월에 한 번씩은 찾아갔고, 한 아이가 대
입 시험을 보러 서울에 왔을 때는 직접 공항까지 마중 나간 뒤 같이 나
들이를 하고 집에서 재우며 보살폈다. 아이들이 잘못된 행동을 할 땐
따끔하게 지적하며 가르쳤다. 아이들은 박시은 씨 부부를 삼촌, 이모라
고 부르기 시작했다. 이 카드뉴스의 마지막 문장은 이렇게 끝난다.

'늘 정을 붙였다 도로 떼는 데 익숙한 아이들. 하지만 이모와 삼촌

만은 철석 같이 믿습니다. 가족이니까요.'

이 정도 선행이라면 네티즌들은 진정성이 있다고 받아들인다. 그리고 격하게 반응하며 마구 퍼 나른다. 이 정도로 진정성 있는 콘텐츠라면 따로 홍보비나 매체비를 책정할 필요가 없다. 알아서 퍼져 나가니까 말이다.

반면 기업들이 연례행사처럼 치르는 불우 이웃 돕기 행사의 경우 아무리 천문학적인 광고비를 쏟아붓고 뛰어난 홍보 내행사를 동원해도 진정성이란 코드가 어필되지 않을 경우 온라인에서 공감을 얻기도 확산되기도 어렵다. 온라인에선 진정성의 농도가 확산 속도를 결정한다.

그렇다면 과연 어떤 콘텐츠가 진정성이 있다고 할 수 있나? 쉽게 말하자면, 숨은 의도가 없어야 한다. 따로 이득 볼 게 없어도 그냥 그 자체로 족하고 감사할 때 우리는 그 행동이 진정성이 있다고 얘기한다. 좀 손해를 보더라도 우직하게 밀고 나가는 모습은 그래서 진정성 있어 보이고 때론 감동을 준다.

2017년 초 네티즌 사이 크게 화제가 된 시상식이 있다. 스브스뉴스가 이 시상식을 '수상한 시상식'이란 제목의 카드뉴스로 전한 것이 계기였다. 워낙 알려지지 않아 시상식 사진 한 장 찾기가 어렵고, 수상자는 시상식에 참석하지 않고 몰래 상만 받아도 되는 이상한 시상식. 심지어 군인에게 상을 전하기 위해 부대까지 직원들이 찾아와 딱 상만 전하고 돌아갔다는 이 수상한 시상식은 LG그룹이 2015년부터 시작한 '의인상'이다.

목숨 걸고 시민의 생명을 구하거나 살신성인한 의인들에게 주는 상인데, 다른 기업과 달리 좀처럼 티를 내지 않고 조용히 진행하다 보니 별로 알려지지 않았다는 점을 부각해 카드뉴스를 제작했다. 결과는 놀라웠다. 페이스북에서만 100만 명 넘는 이들에게 도달했고, 네이버 등 포털 메인에도 걸렸다.

더 놀라운 건 댓글이었다. 앞으로 영원히 LG 제품만 쓰겠다는 글부터 대한민국에도 이런 착한 기업이 있다는 게 자랑스럽다는 글까지 뜨거운 칭찬이 이어졌다. 심지어 LG에게 감사함을 전한 네티즌도 있었다.

댓글에서 '감사하다'는 표현은 웬만해선 달리지 않는다. LG로부터 받은 것이라곤 하나도 없는 네티즌이 LG에게 감사함을 느꼈다는 건 의미심장한 일이다. 진정성 있는 행동을 본 것만으로도 감사함을 느끼는 그런 시대인 것이다.

LG그룹 임직원들이 정말 모두 진정성과 착함으로 똘똘 뭉쳐 순수한 마음으로 시상식을 열었던 것인지, 아니면 이 시상식 담당자가 이런 '진정성 효과'를 노리고 일부러 이렇게 조용히 진행한 것인지, 나는 LG 내부에 있어 보지 않아서 잘 모른다. 다만 분명한 건 LG의 이러한 모습이 네티즌들 눈에 '진정성 프레임'으로 각인돼 아무리 많은 광고비를 집행해도 절대 얻을 수 없는 '착한 기업' 이미지를 구축했다는 것이다.

반면 진정성이 없어 지탄을 받는 경우도 많다. 진정성을 의심하는 신호는 댓글에서 찾을 수 있다. 걸출한 스타가 등장해 화려하고 재밌는 뭔가를 보여 주지만 끝맺으면서 제품이 살짝 등장하면 "저거 홍보야."라고 댓글이 달린다. 기사 중엔 조회수를 높이려고 자극적인 제목을 달 경우 댓글에 "낚시질이 심하네."라고 올라온다.

개인 중에 좋아요를 많이 얻기 위해 과장된 행동을 할 경우 댓글에 "관종(관심 종자)이네."라고 달린다. 이런 댓글이 달린 콘텐츠는 아무리 좋은 내용이고, 아무리 돈을 많이 들여 제작한 것이라도 좀처럼 확산되지 않고 오히려 부정적인 반응만 불러일으키기도 한다.

온라인 콘텐츠의 확산 메커니즘을 요약하면 이렇다. 진정성 있는 콘텐츠는 기본적으로 꾸밈이나 속임이 없는 콘텐츠다. 진정성이 있으면 자연히 보는 사람으로 하여금 '공감' 버튼을 누르게 한다. 댓글에서 "이거 진짜 감동이다. 대박!"이라고 달리거나 "ㅋㅋㅋㅋㅋㅋ이거 진짜 쩐다!"라고 달린다. 친구를 태그하며 "너도 봐."라고 추천하기도 한다. 그런 과정에서 콘텐츠는 자연스레 확산된다.

내 가슴이 뛰어야
남의 가슴도 뛴다

그렇다면 어떻게 해야 진정성 있는 콘텐츠를 만들 수 있을까? 그냥 한 가지 원리만 알면 된다.

'내 가슴이 뛰어야 남의 가슴도 뛴다.'

그냥 내 가슴을 뛰게 하는 스토리를 골라 진심을 다해 만들면 된다. 나를 웃기고 행복하게 한 스토리를 그 느낌 그대로 전하면 된다. 그러면 진정성이 전해진다. 개인이 홀로 자기 계정에 자발적으로 올리는 콘텐츠가 사실 진정성 측면에선 기업이나 언론사에서 만든 콘텐츠보다 더 강력한 것도 이 때문이다.

진정성 있는 콘텐츠를 만드는 요령은 사실 연애할 때 주고받는 선물에서 힌트를 얻을 수 있다. 연인으로부터 어떤 선물을 받았을 때 가장 기분이 좋을까? 선물을 받은 사람은 선물을 준 사람이 평소 자신에 대해 얼마나 관심을 갖고 있었는지 선물을 통해 가늠해 볼 수 있다. 평소 원했던 것을 딱 맞췄을 때 가장 감동이 크다.

연인 혼잣말로 "아, ○○ 갖고 싶다."고 한 것을 기억해 뒀다가 생일날 바로 그것을 선물하면 효과가 큰 법이다. 선물이 반드시 비쌀 필요도 없다. 작은 것이라도 마음이 담겨 있으면 돈으로는 따질 수 없는 값어치가 있다.

억으로 비싼 선물이라도 그 속에 마음이 안 느껴지면 그다지 기쁘지 않다. 그것은 마치 잘 나가는 대기업이 비싼 연예인을 내세워 홍보 PR 분야 상무가 지시한 대로 주입하려고 만든 기업 PR 광고와 같다. 무미건조한 내용을 갖고 비싼 3D 컴퓨터그래픽으로 어떻게든 눈길을

유튜브-코카콜라 캠페인 〈Roll out happiness〉

사로잡으려 만든 정부의 공익광고와 비슷하다고 할 수 있다.

'작지만 마음이 담긴 선물'로 진정성 효과를 극대화한 사례가 있다. 리투아니아의 수도 빌뉴스의 한 회색빛 광장에 빨간색 차량이 진입한다. 인조 잔디를 바닥에 깔더니 '신발을 벗으면 콜라를 드려요!'라고 쓰인 자판기가 세워진다. 시민들이 하나 둘 모여 인조 잔디에 드러누워 일광욕을 즐기고 콜라를 마시며 활짝 웃는다. 답답한 도시민들에게 짧지만 청량제 같은 휴식을 선물한 것이다. 이 과정을 담은 광고는 선풍적인 인기를 끌었고, 광고업계에서는 콜라 수억 병을 나눠 준 것보다 더 큰 효과를 거둔 것으로 평가한다.

세상을 바꾸는
캠페인

●

스브스뉴스는 매일 아침 콘텐츠 기획 회의를 한다. 각자 하고 싶은 아이템을 발제하면 다 같이 토론하고 투표를 해 할지 말지 결정한다. 그날은 해외에서 크게 히트를 친 '하이파이브 에스컬레이터 캠페인' 영상을 누군가 가져왔다. 삭막한 도시의 에스컬레이터에서 하이파이브를 하자 분위기가 화기애애해지는 작은 캠페인이었다. 이윽고 우리도 이런 걸 한번 해 보자는 쪽으로 의견이 모였다.

당시는 최순실 국정농단 사태로 인한 분노가 들끓던 2016년 11월이었다. "촛불 시위하는 날, 광화문역 엘리베이터에서 하이파이브를 해 보면 어떨까요?"라는 아이디어가 나왔다. 나라답지 않은 나라에서 속고 살았다는 자괴감에 답답한 우리 시민들에게 작은 위로가 될 수 있겠다는 생각이 들었다.

우리나라는 미국 같지 않아서 호응을 잘 안 할 것 같다는 우려도 나왔지만 한번 해 보기로 했다. 캠페인 명은 '요즘 답답하시죠?'로 정하고 준비에 들어갔다. 준비물은 칼라 인쇄한 도화지와 그 도화지를 들고 있을 체력이 전부였다.

두 번째 촛불 시위가 열린 캠페인 당일, 팀원들은 걱정이 많았다. 하이파이브를 해 달라고 하는데 외면당하면 어쩌나 하는 생각에서였다. 하지만 기우였다. 시민들의 반응은 놀라울 만큼 뜨거웠다. "힘내라 힘!"이라고 힘찬 함성을 질러 주시는 아저씨, 두 손을 활짝 펴고 달려와 안기는 아이들, 하이파이브 한 뒤 손을 꼬옥 잡아 준 할머니. 마치 시민들이 제작진에게 힘을 불어넣어 주는 것만 같았다.

스브스 캠페인 〈요즘 답답하시죠?〉 (2016년 11월, 신준명 등 스브스 4기 인턴)

그날 캠페인을 가장 열심히 준비하고 또 현장에서 울컥하는 감동을 느낀 한 인턴 대학생이 마음으로 전하고 싶은 소감을 그대로 살려 이 캠페인 영상의 자막으로 달았다.

"사실 걱정을 많이 했어요. 요즘 가뜩이나 마음이 무거울 텐데. 하이파이브를 해 주실까? 그런데 손을 내민 순간, 시민들이 웃어 주시더라고요. 시위에 나가는데도 그 순간만큼은. 그 표정이 너무 해맑아서. 그 손이 너무 따뜻해서. 저희도 처음엔 함께 웃다가 가슴이 뭉클해졌습니다. 시민들을 응원하러 갔는데 오히려 저희가 힘을 받고 왔어요. 덕분에 답답함을 덜었습니다. 감사합니다."

수능을 한 달여 앞두고는 수능 날 뭔가 수험생들에게 도움이 될 만한 아이템이나 이벤트를 하면 어떠냐고 누군가 말했다. 여러 아이디어가 나왔는데, 한 에디터가 뻔한 거 말고, 뭔가 예상 못한 선물을 줬으면 좋겠다면서 복주머니에다가 선물을 주자고 제안했다.

당장 예산도 없는데 뭘 선물하겠냐는 푸념부터 수험생 할인 정보를 쿠폰처럼 예쁘게 만들어 주머니에 넣어 보자는 아이디어까지 다양한 의견이 나왔다. 하지만 잘못하면 업체 홍보로 오해 받을 수도 있겠다는 우려 섞인 의견이 나오더니 결국 예산도 없는데 선물하긴 뭘 선물하냐는 회의적 의견이 나오고서 기세가 꺾였다. 그렇게 수능 이벤트는 흐지부지될 것만 같았다.

그런데 며칠 뒤 수능 이벤트 이야기가 회의 시간에 다시 거론됐다. 스브스뉴스와 같이 캠페인을 하길 원하는 홍익대 남학생 두 명이 마침 수능 캠페인 아이디어를 제안했다는 것이었다. 수능 당일 시내 버스로 귀가하는 수험생들을 격려하는 스티커를 붙이자는 아이디어가 나왔다. 하지만 시내버스는 너무 흔들리고 시끄러워 스티커를 누가 볼까 싶었다. 다시 수능 캠페인은 좌초되는 듯했다.

그날 모든 것을 바쳐 시험을 치르고 나와 기진맥진한 수험생들이 가장 원하는 게 대체 뭘까? 대학생 인턴들에게 이 질문을 해 봤는데, 수능 보고 나왔을 때 '맛있는 것'이 가장 먼저 생각났다고 했다. 한 인턴은 "시험 잘 봤니?"라는 질문 말고 그냥 "정말, 수고 많았다."는 따뜻한 말 한마디가 그렇게 듣고 싶었다고 말했다.

그거였다. 따뜻한 말 한마디. 자발적으로 캠페인에 동참한 홍익대 학생들(D-1)과 우리 인턴, 에디터들이 아이디어를 모았다. 오랜 논의 끝에 캠페인 실행 장소를 버스에서 지하철로 옮기기로 했다. 그리고 기관사를 설득해 안내 방송으로 '정말 따뜻한 말 한마디'를 전하고 승객들에게 격려의 박수를 부탁해 보자는 쪽으로 의견이 모였다. 출입문에는 '수험생이 타고 있어요!'라는 격려용 스티커를 붙이기로 했다.

이 캠페인은 준비하기가 쉽지 않았다. 일단 5, 6, 7, 8호선을 운영하는 서울도시철도공사에게 제안해 봤으나 처음엔 약간 호의적이더니 위에서 싫어한다는 이유로 거절했다. 할 수 없이 1, 2, 3, 4호선을 운영하는 서울메트로에 제안했는데 오래된 지하철인 만큼 더 보수적일 줄 알았는데 의외로 매우 적극적이었다.

수능이 끝나고 오후 5시 30분쯤 운행하고 있는 2호선의 모든 차량에서 기관사들이 일제히 수험생을 응원하는 방송을 하겠다는 것이었다. 우리는 한껏 들떴다. 서울메트로 기관사들과 함께 격려용 멘트를 가다듬고 또 가다듬었다.

수능 당일 오후 5시 30분, 서울 2호선 신천역에서 기다리다 수험생이 열차에 오르자 제작진도 같이 올라탔다. 10초 뒤 예정대로 기관사가 운을 뗐다.

"잠시 안내 말씀드리겠습니다. 지금 우리 열차에는 방금 수능을 마친 수험생들이 타고 있습니다. 오늘을 위해 쉼 없이 달려온 학생들입니다."

스마트폰을 보던 승객들도 노약자석에 앉아 졸던 할아버지 할머니도 고개를 들고 수험생들을 쳐다봤다. 기관사의 안내 방송이 이어졌다.

"승객 여러분, 지금 같은 칸에 타고 있는 수험생 친구들에게 따뜻한 박수와 함께 고생했다는 말을 해 주시는 건 어떨까요? 서울메트로는 수험생 여러분을 응원합니다. 감사합니다."

이 짧은 멘트가 끝나자 열차 내부는 박수 소리로 가득 찼다. "고생했어요!", "수고했어요!" 같은 목소리도 곳곳에서 울려 퍼졌다. 제작진의 카메라에 잡힌 수험생은 부끄러운 나머지 약간 고개를 숙인 채 목례를 하며 감사의 뜻을 전하다 살짝 눈물을 보였다.

영상 편집 과정에서 마지막 클로징 자막은 장고를 거듭한 끝에 이렇게 정했다.

스브스 캠페인 〈이 열차에는 수험생이 타고 있어요!〉 (2016년 11월, 김대석, 조문찬 에디터, 신준명 인턴)

'그날 지하철을 타지 않은 수험생들에게도 이 격려의 박수가 전해 졌으면 좋겠습니다. 정말 고생하셨습니다.'

스브스 캠페인 2탄 '수험생이 타고 있어요'는 페이스북에서만 약 4백만 명에게 도달하며 큰 반향을 일으켰다. 놀라운 건 댓글이 2천 2 백 개가 넘게 달렸는데 대부분 감동받은 나머지 보고 울었다는 것이 었다. '이거 보고 울었다 ㅠㅠ'는 식의 댓글이 80%가 넘었다.

우리는 그날 지하철에서 수험생에게 10원도 주지 않았다. 해 준 거라고는 그냥 따뜻한 말 한 마디와 박수를 유도한 게 전부였다. 그 작 디작은 선물이 현장에 있던 수험생뿐 아니라 영상을 본 사람들도 울 리고 말았다. 무엇이 사람들을 울린 것일까? 진정성 외엔 달리 설명할 방법이 없다.

대학을 가려면 누구나 치러야 하는 수능을 보고 귀가하는 길, 잘 쳤든 못 쳤든 정말 고생했다면서 자신의 노력을 알아주는 단 한 사람이 대한민국 청춘들에게 얼마나 필요했을까. 그 따뜻한 한 마디가 널리 전해졌으면 좋겠다는 '진심'을 담은 영상이었다. 그게 다였다. 많은 이들의 공감과 공유가 없었다면 이 영상은 4백만 명에게로 확산되지 못했을 것이다. 진정성의 힘이란 정말 대단한 것이다.

이후 스브스 캠페인은 수능 캠페인을 성공적으로 이끈 김대석 에디터 주도로 다양한 시도를 이어 갔다. 훌륭한 음악인이 되길 꿈꾸다 세월호에서 숨을 거둔 이다운 학생을 추모하기 위한 스브스 캠페인에서는 AR(증강 현실) 기술을 활용했다.

'진실을 인양하는 고래' AR 캠페인으로 유명한 이군섭 씨와 함께 이다운 군이 노래하는 모습을 3D AR로 되살리기로 했다. 팽목항에서 스마트폰으로 특정 지점을 비추면 이다운 군이 나타나 노래를 하는 AR 앱을 제작하는 캠페인이었다.

세월호 희생자를 추모하는 독자들의 마음을 모으기 위해 크라우드 펀딩을 진행했는데 예상보다 훨씬 많은 190만 원이 모였다. 기부자들의 이름은 팽목항에 세운 AR 마커 옆 안내판에 일일이 새겼다. 영상에 대한 반응도 좋았지만 특히 고인 이다운 군의 유족들이 감사의 뜻을 전해와 더욱 뜻깊은 캠페인이었다.

2017년 들어 스브스뉴스 캠페인은 '스브스뉴스만의 캠페인'이 아

스브스 캠페인 〈팽목항에서 열린 아주 특별한 콘서트〉 (2017년 4월, 김대석 에디터)

닌 다양한 주체들이 마음을 모아 함께 세상을 바꾸는 '공동 캠페인'으로 변모했다. 즉 독자들뿐만 아니라 기업 스폰서, 시민 단체, 정부 등 다양한 주체들의 마음을 한데 모아 실질적인 사회 변화를 이끌어 내는 캠페인으로 진보했다.

5월 9일 대선을 앞두고 선거관리위원회, 서울시, 대학생들과 함께 '새로운 대한민국에 무임승차 금지' 캠페인을 벌였다. 서울시의 주요 버스 정류장에 '새로운 대한민국에 무임승차하지 마시오'와 '5.9 대선, 다른 사람에게 기대지 마시오'라고 쓰인 캠페인 스티커를 붙였다. 캠페인 영상으로는 '5년 전 무임승차한 복학생을 찾습니다'라는 대자보를 들고 5년 전 대선에서 투표하지 않은 복학생을 찾아가 따져 묻는

코믹한 분위기의 페이크 다큐를 제작했다. 이 영상은 스브스뉴스뿐 아니라, 중앙선관위의 SNS 계정을 통해서도 널리 확산됐다. 카드뉴스로도 추가 제작해 캠페인을 이어 갔다.

2017년 여름 휴가철을 맞아 동물보호단체 케어과 함께 '유기견 예방 캠페인'을 벌였다. 스폰서도 찾았다. '지니펫'이란 반려동물 영양제를 출시한 정관장이 제작비와 크라우드 펀딩의 리워드(기부자에게 주는 선물)를 무상 제공했다. 매년 휴가철 반복되는 유기견 문제에 내해 제대로 생각해 보는 기회를 만들어보자는 취지로 홍대 앞 거리에 특수 제작된 뽑기 인형 기계를 세웠다.

스브스 캠페인 〈새로운 대한민국에 무임승차 금지〉 (2017년 5월, 정혜윤, 김대석 에디터)

스브스 캠페인 〈사람들이 홍대에서 인형 뽑다 우는 이유는?〉 (2017년 9월, 김대석, 김유진, 조문찬 에디터)

    귀여운 강아지 인형을 뽑기 위해 사람들이 뽑기 기계 앞에 섰다. 제작진이 맞춰둔 뽑기 성공률은 100%. 뽑힌 인형을 품에 안고 사람들은 뛸 듯이 기뻐한다. 그러고는 바로 기계 안에 설치된 모니터에 한 마리의 유기견 모습이 나타난다. 뽑은 강아지 인형과 비슷하게 생긴 실제 유기견이다. 주인이 차장 밖으로 버려 온몸이 크게 다친 이 유기견의 힘없는 모습과 구슬픈 눈빛을 보면서 인형을 뽑은 사람들의 표정은 잔뜩 무거워진다. 이윽고 메시지가 나타난다.

    '반려동물은 사고 싶을 때 사고, 버리고 싶을 때 버리는 인형이 아닙니다. 가족입니다.'

    스브스뉴스 유기견 예방 캠페인 '저를 뽑고 버리실 건가요?'의 영상과 카드뉴스는 페이스북에서 2~3백만 명에게 도달했고, 유튜브에서도 1백만 명이 조회했으며 SBS TV 〈모닝와이드〉에서도 방영되는 등 큰 반향을 일으켰다. 유기견의 치료비 마련을 위한 크라우드 펀딩에는 1천만 원이 모금됐다.

이뿐이 아니었다. 유기견 캠페인을 위해 무슨 일이든 돕고 싶다는 대학생들의 메시지가 답지했고, 대한수의사협회에서는 또 다른 유기견 캠페인 진행 시 적극 협력하고 싶다고 전해 왔다. 이 캠페인을 계기로 우리는 캠페인으로 세상을 바꾸는 저널리즘의 새로운 모델, 이른바 '캠페인 저널리즘'을 새로운 스브스뉴스의 정체성으로 삼기로 뜻을 모았다.

진정성은 때론
기적을 부른다

●

2016년 3월 SBS의 스브스뉴스 페이스북 계정 메시지로 한 편의 제보가 접수됐다. 프랑스에서 활동 중인 한국인 화가 임세병 씨의 그림이 프랑스에서 한국으로 운송되는 과정에서 사라졌다는 것. 0.3mm 펜하나로 3년간 정성을 쏟아 그린 가로 10m의 초대형 역작이었다.

임세병 씨는 프랑스 우체국과 경찰서, 한국 대사관 등을 전전하며 백방으로 알아봤지만 '찾을 방법이 없다'는 형식적인 답변만 받아 절망스러운 상황이었다. 임 씨는 자신의 그림을 찾는 데 도움을 달라고 우리에게 메시지를 보냈다.

한 인턴 기자가 이 내용으로 카드뉴스를 해 보고 싶다고 손을 들었다. 하지만 나는 말렸다. 나는 "우리가 카드뉴스 만든다고 그림 찾을 리도 없을 텐데…. 그냥 화가가 그림 잃어버렸다는 게 뉴스가 될까?"

라고 물었다. 그러자 그 인턴은 "3년이나 정성을 들인 그림이 갑자기 사라졌는데 당연히 뉴스가 되지 않을까요?"라며 맞섰다.

그 인턴은 감성이 메마른 사람을 측은하게 쳐다보는 듯한 눈빛으로 나를 보며 다시 한 번 입을 열었다. "너무 안타깝잖아요!" 옆에서 듣고 있던 다른 에디터와 인턴들도 다들 같은 눈으로 나를 쳐다보고 있었다.

그렇게 임세병 씨의 사연을 카드뉴스로 제작하기로 했다. 구구절절한 사연으로 카드뉴스를 거의 다 완성했을 무렵, 내가 그 인턴에게 농담을 던졌다.

"이 정도 카드뉴스 갖고 그림 찾아 줄 수 있겠냐. 불어로 만들지 그랬냐."

인턴은 귀를 쫑긋 세우고 듣더니 "좋은 생각인데요!"라며 임세병 씨에게 본문을 번역해 달라고 메시지를 보냈다. 나는 프랑스에 거주하는 한인 독자 10명만 늘어도 다행이라고 생각했다.

나는 솔직히 이 카드뉴스가 우리끼리 말로 '평타(평상시 보통 정도의 성과)' 정도 할 거라고 생각했다. 내 예상은 보기 좋게 빗나갔다. 임세병 씨가 처한 안타까운 상황과 절박한 심정에 많은 이들이 공감하면서 이 카드뉴스는 놀라운 속도로 SNS 망을 타고 세계로 퍼졌다.

페이스북에서만 2백만 명에게 도달한 것으로 집계됐다. 좋아요를 눌러 이 카드뉴스를 추천한 이가 약 2만 명, 자신의 타임라인으로 이 카드뉴스를 공유해 더 적극적으로 퍼뜨린 이가 약 4천 명에 달했다.

특히 3백 명이 넘는 외국인들이 이 카드뉴스를 공유해 프랑스로 확산시키는 데 결정적 역할을 했다.

이 카드뉴스를 배포한 다음 날부터 놀랍게도 임 씨의 딱한 사연은 프랑스의 SNS 상에서 이슈로 떠올랐다. 배포 이틀 뒤인 2016년 3월 31일, 유력 인터넷 매체인 〈매셔블〉 프랑스판은 임 씨 사연을 비중 있게 보도했고, 〈버즈피드〉 프랑스판도 4월 1일 이 이슈를 다뤘다. 평소 배송 사고가 자주 일어나는 프랑스 우체국 실태에 대한 비난 여론이 일기 시작했다.

그리고 카드뉴스를 배포한 지 일주일이 지난 2016년 4월 4일 스브스뉴스 사무실에서 일제히 탄성이 터져 나왔다. 임세병 씨가 프랑스 우체국으로부터 그림을 찾았다는 연락을 받았다는 소식이었다. 한국으로 부친 그 그림은 엉뚱하게도 보르도 지역으로 잘못 배송돼 그곳 분실물 센터에 보관돼 있었다. 임 씨 사연이 프랑스 사회에서 이슈가 되자 프랑스 우체국이 대대적인 수색을 벌인 끝에 뒤늦게 그림을 찾아 준 것이었다.

우리는 임 씨가 기적적으로 그림을 찾은 사실과 경위를 〈SBS 8뉴스〉를 통해 후속 보도했다. 인터뷰에서 임세병 씨는 "스브스뉴스에서 기사가 나갈 때 불어 버전으로도 내주셨는데 그 불어 기사가 프랑스 커뮤니티나 인터넷 언론에서 재기사화가 되면서 적게나마 이슈가 됐어요."라고 말했다.

스브스뉴스의 카드뉴스 한 편이 프랑스 사회를 움직여 결국 임 씨

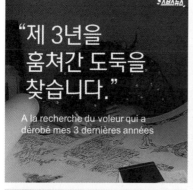

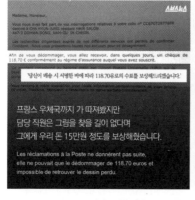

카드뉴스 〈제 3년을 훔쳐간 도둑을 찾습니다.〉 (2016년 3월, 오다록 인턴)

의 그림을 찾는 데 결정적 역할을 했다. 이것은 세계가 얼마나 촘촘히 연결돼 있는지 보여 주는 놀라운 사건이며, SNS에 최적화된 스토리가 얼마나 큰 잠재력을 갖는지 여실히 보여 주었다. 카드뉴스 몇 장이 스브스뉴스 독자들의 마음을 움직였고, 그들이 눌러 준 좋아요 또는 공유 활동 덕분에 추진 동력을 얻어 프랑스로까지 전파돼 프랑스 사회까지 움직인 것이다. 이번 그림 분실 사건을 계기로 프랑스의 SNS 상에서는 프랑스 우체국의 잦은 분실 문제가 공론화됐다고 임세병 씨는 전했다.

다시 아이템 회의를 했던 순간으로 돌아가 보자. 이 주제를 다루지 말자고 한 팀장의 의견에 맞서 "너무 안타깝잖아요!"라고 말한 그 인턴 기자. 그 인턴의 눈망울엔 정말 무시무시한 게 하나 있었다. 바로 진정성이다. 그 작은 마음이 결국 지구 반대편 나라를 움직인 것이다.

진정성을 전하려면
공감 능력을 키워라

•

어떤 콘텐츠가 소위 대박을 칠까. 제작자의 마음 상태가 절대적으로 중요하다. 독자들은 제작자가 어떤 마음으로 콘텐츠를 만드는지 기가 막히게 알아챈다. 제작자가 독자를 이해하려 하고 공감하려 노력한다는 진심이 느껴져야만 독자들도 마음을 움직인다.

인터넷에서 재미난 짤을 엄청 잘 찾는 인턴과 감각적인 영상을 잘 만드는 에디터. 이렇게 시작된 게 '요약해드림' 시리즈다. 짤을 모아 가공하는데 모두 다른 인물인데 기가 막히게 조합이 잘 맞는다.

댓글에는 영상에 정말 공감이 간다는 여성들의 감탄이 대부분이 었지만 개중엔 여자에게 잘 해 주어야겠다는 남자들의 글도 보였다. 영상을 보며 잠시라도 여자의 입장이 되어 봤다는 이야기다.

공감은 상대방의 입장에서 이해할 때 시작하고, 상대방의 감성과

<그림 해드림-생리 편> (2017년 6월, 홍민지 에디터)

하나가 될 때 가장 순도가 높다. 네티즌들은 이성적인 잣대로 보다가도 공감이 되는 순간 무장해제 된다. 나의 마음을 이렇게 대변하고 있는 이 게시물을 퍼뜨리지 않고는 도저히 참을 수 없다.

공감 가는 콘텐츠를 잘 만드는 제작자는 독자와 미리 공감하는 능력이 뛰어나다. 미리 공감한다는 것은 최종적으로 그 콘텐츠를 내보냈을 때 독자들이 어떤 반응을 보일지 미리 느끼면서 작업한다는 걸 말한다. 특히 아래 두 가지 독자 반응에 주목하는 제작자는 항상 좋은 콘텐츠를 만든다.

1) 이건 마치 내 얘기 같아.
2) 이건 내가 평소 하고 싶던 얘기야(혹은 이 얘긴 내가 꼭 널리 알려야 되겠어).

제작자가 미리 예상한 독자의 반응은 보통 댓글로도 나타난다. 가령 어떤 동물의 재미난 특성을 전달하는 콘텐츠의 경우, 공감하면서 만들면 "이 동물 봐봐. 완전 내 얘기 같아."라는 댓글이 달리지만 제작자가 '대충 빨리 만들어야지.'라고 생각하면 그다지 공감하는 댓글이 달리지 않는다. 또 동물이 학대당하는 현실을 고발하면서도 '이건 평소에 하고 싶던 얘기야.'라고 생각하고 만들면 실제로 댓글 반응도 뜨거운 경우가 많다.

공감을 잘 하는 제작자는 만드는 과정부터 남다르다. 좀 아이 같아 보일 수 있다. 콘텐츠를 만들다가 학대당하는 동물의 아픔에 공감한 나머지 표정에 슬픔이 가득하기도 하고, 귀여운 동물 모습을 상상하며 혼자 웃겨 낄낄대다가 옆 사람으로부터 실없다며 한 소리 듣기도 한다. 이렇게 감성이 뛰어난 에디터나 인턴이 만든 콘텐츠는 널리 확산될 가능성이 크다.

반대로 공감을 잘 못하는 사람이 콘텐츠를 만들면, 사고가 발생하기도 한다. 한번은 부적절한 편견을 조장하는 광고를 제작해 여론의 뭇매를 맞은 사례들만 모아서 그 원인을 분석해 본 적이 있다.

2017년 상반기 기준으로 직전 3년간 여성을 비하하는 내용으로 비판받은 광고는 우리 팀이 파악한 것만 38건에 달했다. 한 화장품 회사는 "오빠 나 이거 사 주면 안 돼?"라며 여성을 경제적으로 오빠에게 의존하는 존재로 그렸다가 '저질 오빠 마케팅'으로 도마에 올랐다.

평소 피임을 위해 주의를 기울여야 한다는 메시지를 전하려던 공익광고는 "다 맡기더라도 피임까진 맡기지 마세요."라는 문구와 함께 무거운 짐을 죄다 오빠에게 떠미는 이기적인 여성을 그려 지금까지도 '망한 공익광고 사례'로 회자되고 있다.

한 정유업체는 "놀러 갈 땐 우리 차, 기름 넣을 땐 오빠 차"라는 광고 카피와 함께 여성들에게 '오빠 힘내라고 주유 멤버십 추천'하라고 종용했다. 누가 봐도 여성을 이중인격자로 묘사한 부적절한 카피인데 이것이 어떻게 수많은 사람들의 손을 거쳐 최종 광고로 세상에 나온 것인지 정말 궁금하다.

위 사례들은 제작자가 가진 여성에 대한 잘못된 인식이 겉으로 드러나 공감에 실패한 예들이다. 최소한의 공감 능력이라도 있었다면 이렇게 실패하지는 않았을 것이다. 애써 돈 써서 광고해 놓고 소비자들로부터 질타를 받은 뒤 공식 사과하고서야 마무리됐다. 저 광고를

이런 광고들에서 그려지는 대한민국 여성은

오빠에게 **경제적**으로 **기대고**

무거운 건 죄다 오빠에게 맡기고

계산은 오빠가 했는데

포인트는 자기가 쌓고

심지어 **이중인격자**이기도 합니다.

카드뉴스 〈저 오빠 필요 없다니까요〉 (2017년 4월, 김유진 에디터, 남상우 인턴)

최종 승인한 관리자는 저게 왜 문제가 된 것인지 지금이라도 제대로 알고 있을까. 나이가 지긋한 고위직 중에 이렇게 생각한 분도 틀림없이 있었을 것이다.

"사실 예전 같으면 여성을 이렇게 표현해도 다들 그러려니 했을 텐데. 요즘 젊은이들 너무 예민한 거 아냐?"

맞다. 우리 사회가 예전과 달라졌다. '젠더 감성'이라고 불리는 공감 능력이 떨어지는 게 이처럼 조직에 '재앙'을 불러올 수도 있는 시대가 된 것이다. 이런 여성 비하 광고는 사실 여전히 남성 우월 문화가 사라지지 않고 있는 대한민국의 수많은 기업에서 언제든 만들어질 수 있다.

공감 가는 콘텐츠를 만들려면 그 팀 간부의 생각과 시각이 매우 중요하다. 어설프게 '맞아 요즘 여성 상위 시대지'라고 떨떠름하게 생각하지 말고, '내가 잠재의식 속에서라도 그동안 여성을 조금이라도 무시했던 건 아닐까'라고 깊이 성찰할 수 있는 리더가 필요한 시대다. 일단 간부가 약간이라도 젠더 감성을 갖추면 공감 능력이 뛰어난 젊은 여직원들의 능력 발휘가 몇 배는 더 잘 될 것이다.

예전의 한국 사회에선 강자 또는 상관과 공감을 잘 하는 능력을 가진 사람들이 주로 고위직에 올랐다. 앞으로는 점차 약자 또는 후배 직원, 젊은이들과 공감을 잘 하는 이들이 고위직에 오를 것으로 예상한다. 세상이 민주화됐고, 시장도 소비자도 그런 리더를 원한다.

그렇다면 어떻게 하면 공감을 잘 할 수 있을까? 어릴 때부터 수도 없이 배웠고 동서양 철학을 관통하는 핵심 가치인 이 공감 방법은 바로 '역지사지(易地思之)'다.

상대방의 입장에서
생각하는 습관

●

역지사지, 말은 참 쉽다. 그리고 다 아는 얘기다. 그런데 주위를 둘러 보라. 내 입장을 100% 이해해 주는 사람이 몇 명이나 있나? 다들 자기 만 생각하며 살기에도 벅차다. 그리고 자기 자신을 보자. 나는 진심으 로 주변 사람들의 입장에서 생각하며 살고 있나. 사실 나도 이 지점에 선 부족한 점을 반성하고 노력할 게 정말 많은 것 같다.

역지사지는 끊임없는 자아 성찰로 실생활에서 갈고 닦아야 한다고 생각한다. 역지사지를 잘 한다면 세상에 화날 일도 없다. 만약 누군가 의 잘못으로 내가 피해를 입었을 때 '나도 그 사람이었으면 그런 잘못 을 저지를 수도 있었겠구나.'라고 생각해 본다면 화가 절로 사라진다.

역지사지를 잘 하면 스트레스 받을 일도 적어지는 것 같다. 예컨 대 팀장이 상무에게 깨지고 와서는 내게 아주 사소한 일을 갖고 역정

거짓은 마음을 움직일 수 없다 - 진정성

을 내며 소리를 질렀다고 하자. 보통 '왜 나한테 화풀이야.'라는 생각에 열이 뻗쳐, 다른 동료에게 팀장에 대한 험담을 하거나 스트레스를 풀어야 한다는 명분으로 매점으로 달려가 당과 탄수화물을 허겁지겁 보충하며 다이어트를 포기한다. 대한민국 거의 대부분의 직장인이 이렇게 사는 것 같다.

그런데 팀장이 나한테 화풀이를 한 상황에서 역지사지로 '나도 가끔 동생이나 후배에게 화풀이를 하는데, 팀장도 화를 내는 보통 사람이구나.'라고 생각하면 팀장이 이해가 되고 스트레스도 훨씬 덜 받아 험담할 일도 다이어트를 포기할 일도 없다.

콘텐츠 제작에서도 마찬가지다. 역지사지를 잘 하면 공감 효과가 극대화된다. 공감 효과가 극대화되면 많은 독자들을 감동시키고 콘텐츠를 널리 확산시킬 수 있다.

스브스뉴스에서 여성의 폐경을 소재로 다룬 적이 있다. 보통 폐경은 좀처럼 언론에서 소재로 삼지도 않고, 일상 대화에서 언급하기도 좀 무안한 주제다. 우리가 폐경을 주목한 건 한 트위터 글 덕분이었다.

엄마가 폐경됐다고 우울해하셔서 딸이 "폐경이 아니고 완경한 거야. 요즘 이렇게 단어 바꾸고 있대."라고 엄마를 위로했다는 글이다. 여성성의 상징인 생리가 끝났다는 의미의 용어가 '폐경'이라면, 월경을 완성해 이제 자유의 몸이 됐다는 의미의 '완경'은 완전히 새로운 시각을 제공한다.

우리는 완경이란 말의 어원을 찾아봤더니 인터넷 신조어가 아니었다. 90년대부터 의학계에서 쓰였던 말이었다. 이 말을 처음 제안한 국립중앙의료원 안명옥 원장과 인터뷰하고, 폐경이란 말 대신 완경이란 말을 쓰며 엄마를 축복해 주자고 제안하는 카드뉴스를 제작했다. 이 카드뉴스는 페이스북에서만 백만 명 넘는 이들에게 도달했다.

이 카드뉴스를 제작한 인턴 기자는 남학생이었는데, 평소 세심하

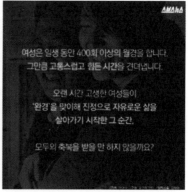

카드뉴스 〈생리 끝! 행복 시작이다!〉 (2016년 3월, 유건욱 인턴)

거짓은 마음을 움직일 수 없다 - 진정성

고 주위에 배려를 잘 하는 학생으로 기억한다. 이 인턴은 제작 과정 내내 자신의 어머니를 생각하며 만들었다고 했다. 어머니의 입장이 되어 본 것이다. 그리고 환경이라는 말이 정말로 널리 퍼져 나가길 간절히 바라면서 제작한 것임을 눈빛만 봐도 알 수 있었다.

스브스뉴스는 성소수자 관련 스토리를 자주 다룬다. 보통 성소수자의 인권에 대해 생각해 보자는 프레임으로 제작하는 편이다. 그런데 성소수자 관련 주제의 콘텐츠 가운데 가장 큰 반향을 일으켰던 건 성소수자의 어머니의 입장에서 풀어낸 이야기였다.

2016년 6월, 서울광장에서 열린 퀴어 축제에서 유독 눈길을 끄는 부스는 성소수자 부모 모임이었다. 이 부스의 엄마들은 프리허그 행사를 했는데, 생면부지의 행인 중 일부가 머뭇거리다 다가와 껴안고 울음을 터뜨린 것이 온라인에서 화제가 돼 이 이슈를 다루기로 했다.

성소수자 부모를 인터뷰하는 과정에서 알게 된 건 이렇게 안아 주기가 처음부터 쉬웠던 건 아니라는 것이다. 자신의 자녀가 성소수자라는 걸 알고 나서 충격을 받은 부모는 일단 자식을 혼내고, 그래도 자식이 바뀌지 않으면 내가 잘못 낳고 잘못 키웠나 하고 자기 탓을 하며 죄책감에 시달린다.

그런데 청소년 성소수자 상당수가 부모에게 인정받지 못하면 외로움에 지쳐 자살을 시도한다. 자식의 자살 시도를 겪은 부모들은 그제야 자식을 있는 그대로 인정하기 시작한다. 그렇게 내 아이의 진정한 행복을 택하기까지의 힘든 시간을 거치고 이제 당당히 길거리에

설 수 있게 된 부모들이 그곳에 모여 있었던 것이다.

　성소수자 어머니의 입장에서 제작자가 만들었기에 독자들도 성소수자 어머니의 입장이 되어 볼 수 있는 훌륭한 카드뉴스가 나올 수 있었다. 어떻게 진정성을 담을지 고민이라면 상대의 마음에서 생각해 보자. 그러면 쉽게 답을 찾을 수 있을 것이다.

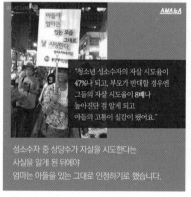
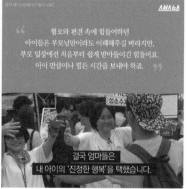

카드뉴스 〈우리 아이를 꽃으로도 때리지 마세요〉 (2016년 6월, 오다록 인턴)

공감 능력을
키우는 열쇠

●

사실 나도 공감 능력이 떨어지는 남성 중 한 명이었다. 그나마 젠더 감성이 길러질 수 있었던 건 스브스뉴스팀에서 일하며 여성 에디터와 인턴들과 페미니즘 관련 콘텐츠를 만든 과정 덕분이었다.

20대들이 뜻밖의 불쾌감을 표시할 때마다 곱씹어 보고 내린 결론은 이거다. 기성세대가 나름 배려하고 생각해 준다면서 내뱉은 말이 오히려 20대들에겐 불쾌할 수도 있다는 것이다. 공감하는 척하지만 그 안에 '존엄성'에 대한 인정이 없었다는 걸 귀신 같이 알아채고 20대들은 불쾌해했다.

먼저, 젠더 이슈와 관련해서는 기성세대는 '여자한테 잘해 줘야 한다'는 시선을 갖고 있는데 이는 20대가 보기에 불쾌할 수 있다. 여자를 보호해야 할 열등한 대상으로 보는 속셈이 노출된 경우 그렇다. 여자는 남자와 100% 평등하며 그 존재 자체로 존엄하다는 전제를 깔고 한 말일 경우 20대들은 비로소 긍정적으로 반응하며 공감한다. 여성에 대한 보호라는 개념과 관련해서는 '남자가 여자를 보호해야 한다'는 것보다는 '여성은 우리 사회로부터 안전하게 보호받을 마땅한 권리가 있다'는 명제가 보다 바람직한 표현이다.

장애인과 관련된 이슈도 마찬가지다. 관심을 갖고 도와줘야 한다는 시선은 '장애인은 열등하다'는 관념을 내포할 위험성이 있다. 장애인은 도움을 받아야 하는 것이 아니라 도움을 받을 권리가 있는 것이다. 장애인 역시 그 존재 자체로 존엄하기 때문이다.

그래서 20대들에게 장애인 관련 스토리 중에서 '편견을 극복한 장애인' 스토리는 진부하다. 우리 팀에서 장애인 관련한 아이템 중 큰 호응을 받았던 건 이런 거다.

20대 장애인이 서울 강남의 한 클럽에 갔는데 너무 재밌게 잘 놀았다고 후기를 올렸다. 아무도 휠체어 지나간다고 눈살 찌푸리지도 않았다. 덕분에 조금도 주눅 들지 않고 휠체어에 앉은 채로 춤을 추며 너무나도 재미있게 놀았다는 사연이었다. 이 장애인은 그날 클럽에 온 사람들에게 감사함을 표하며 대인배 같은 면모를 보였다. 그렇게 클럽에서 잘 논 장애인도 멋지고, 함께 있던 사람들도 멋지다. 장애인이나 비장애인이나 존엄하긴 마찬가지니까 말이다.

존엄성은 동물에도 적용된다. 요즘 개는 귀여울 땐 키우다가 잡아먹고 싶으면 잡아먹는 예전의 그런 존재가 아니다. 반려동물의 경우 사람을 위해 존재한다는 시선보다는 그 존재 자체로 존엄하다는 시선이 20대들 사이 지배적이다. 학대는 물론이고 약간이라도 괴롭혀선 절대 안 된다. 남의 집 개라도 주인이 괴롭힌다면 누구나 나서서 말려야 한다고 생각한다.

결국 공감 능력을 키우는 핵심 키워드는 존엄성이다. 남자든 여자든, 장애인이든 비장애인이든, 동물이든 사람이든 언제나 존엄하고 행복할 권리가 있다는 사실 하나만 인정해도 공감은 자연스럽게 될 수밖에 없다.

CHAPTER 5

매력적인
콘텐츠를
만드는
노하우

참신한 소재를 찾으면
절반은 성공

매력적인 콘텐츠란 과연 무엇일까? 어떻게 만들어야 사람들에게 잘 팔릴까? 무슨 이야기를 해야 사람들이 내 이야기를 들어 줄까?

그 답을 공식처럼 알고 있으면 정말 좋겠지만, 우리도 아직 그 답을 찾기 위해 노력하고 있다. 왜냐하면 사람들의 기호는 생각보다 정말 빨리 변하기 때문이다. 이런 걸 좋아하는구나 싶다가도 금세 익숙해지고 싫증을 느끼고 다른 새로운 이야기를 찾아 넘어간다.

쉽게 생각하면 이런 것과 똑같다. 같은 이야기 두 번 들어서 재미있다고 할 사람이 몇 명이나 되겠는가? 같은 옷, 같은 신발은 몇 해를 입어도 '빈티지'란 말을 갖다 붙일 수야 있지만, 콘텐츠는 한 번 이용되는 순간 그 가치가 뚝 떨어져 버린다. 끊임없이 매력적인 콘텐츠를 만들어 내야 하는 숙명을 안고 있는 콘텐츠 제작자에겐 매번 매력적인 콘텐츠를 만드는 건 힘겨운 일이다.

그래도 몇 가지 기준을 갖고 매력적인 콘텐츠를 만들려고 노력하고 있다. 그 기준을 가지고 매력적인 콘텐츠가 무엇인지 가볍게 설명을 해 본다.

매력적인 콘텐츠는 친구나 주변 사람들과의 대화를 빗대서 생각해 보면 쉽게 이해할 수 있다. 좋은 스토리텔링이 별건가? 주변 친구들이 딴짓 안 하고 초롱초롱한 눈으로 듣게 하는 말하기와 좋은 스토리텔링은 별로 다르지 않다(매번 성공하기는 쉽진 않겠지만…).

가장 중요한 것은 소재, 이야깃거리다. 정말 새롭고 신기하거나, 정말 웃기거나, 정말 화나는 이야깃거리가 있다면 그 스토리텔링은 이미 절반은 성공한 거다.

아무리 우수한 요리사라고 하더라도 재료가 시원치 않으면 참 난감해진다. 재료가 좋지 않으면 각종 기술이 들어가야 하고, 각종 소스나 향신료가 지원돼야 한다. 정말 좋은 재료가 있다면 소금이나 기본 간만으로도 맛있는 요리를 만들어 낼 수 있다. 콘텐츠도 마찬가지다. 이야기할 소재가 좋으면 구성과 제작에 큰 공을 들이지 않아도 된다. 그 소재의 힘으로 사람들의 소비 관성을 만들 수 있다.

아마추어 제작자들이 쉽게 범하는 오류가 바로 여기서 많이 나온다. 콘텐츠라는 것이 잘 포장하는 것이라고 생각하는 오류다. 이야기는 잘 포장한다고 해서 매력적으로 변하기도 하지만, 포장만으로는 쉽게 매력이 갖춰지지 않는다. 포토샵을 잘해서, 예쁜 사진을 넣어서,

드립을 맛깔나게 잘 쳐서 이야기를 재미있게 할 수 있다고 생각하지만, 이런 기술로 사람들의 마음을 사로잡는 데는 한계가 있다.

아마추어적인 콘텐츠를 보면 비슷하게 모양새는 갖춰서 나오는데 정작 내용이 재미없는 경우가 많다. 비슷하게 따라 만드는 재주는 있는데, 정작 이야기를 만드는 재주가 없어서다. 예쁘게 잘 만들면 주변 사람들이야 실력이 대단하다고 칭찬하겠지만, 대중을 상대로 콘텐츠를 팔려고 마음먹었다면 포장 기술만으로는 경쟁력 있는 콘텐츠를 만들기 어렵다.

소재가 뛰어나다면 골리앗 같은 거대한 콘텐츠 제작자도 쓰러뜨릴 수 있다. 그건 얼마든지 가능하고 지금도 일어난다. 이미 콘텐츠 시장은 민주화돼 있다. 바로 구글과 페북, 네이버를 통해서 말이다.

간단한 예를 들어 볼까. 뉴스로 보자면 '최순실 사태', 이건 뭐 말할 필요도 없다. 그런 소재 하나를 발굴했다면 최첨단 기술의 그래픽을 동원하고, 헬기 영상에, 각종 장비를 사용한 영상 콘텐츠가 무슨 소용 있겠는가. 이야기 소재가 최순실인데. 그 어떤 이야기도 힘 있는 소재 앞에선 무력해지기 마련이다.

최순실이란 소재가 너무 비현실적이라고 한다면 일상적인 상황을 예로 들어 보자. 친구 셋이 모여 있다. 술을 먹다 이야기를 하는데 주제가 '첫 경험'이었다. A란 친구의 소재는 키스, B란 친구는 여행, C란 친구의 소재는 '하룻밤'이었다. 여기서 어느 친구의 이야기에 가장 관심이 쏠릴까? 일단 소재로는 C의 완승이다. A가 역전할 가능성이 아예 없는 건 아니다. A의 첫 키스 상대가 지금은 아이돌이 된 가수라고 밝히는 순간 이야기 소재의 힘은 A가 가장 강력하게 될 것이다.

매력적인 콘텐츠를 만드는 가장 중요하면서도 맨 처음 해결해야 할 과제가 바로 좋은 소재 찾기다. 좋은 이야깃거리를 찾는 순간 후속 작업들이 매우 수월해진다는 걸 잊어서는 안 된다.

좋은 소재를 찾지 못했다고 아예 좋은 콘텐츠를 못 만드는 건 아니다. 그러나 좋지 않은 소재로 좋은 콘텐츠를 만들려면 정말 몇 배의 힘이 더 든다. 구성과 디자인에서 많은 공을 들여야 하기 때문이다. 경험상 소재가 매력적이지 않은 콘텐츠들은 제작 시간도 많이 걸리고, 산고 끝에 나오는 경우가 많다. 더 안타까운 건 그렇게 공을 더 들여도 성공할 확률은 매우 낮다.

콘텐츠를 구성하고 제작하기 전에 정말 좋은 소재인지 곱씹고 곱씹고 또 곱씹기를 바란다. 나 혼자 판단하지 말고 주변 사람들에게 물어보고 정말 관심 가는 소재인지 여러 번 확인 또 확인해서 작업에 들어갔을 때 콘텐츠가 살아남을 확률은 높아진다.

어떻게 콘텐츠를
시작해야 좋을까

●

매력적인 콘텐츠의 특징 중 하나는 시작이 남다르다는 점이다. 대부분 그렇다. 페이스북이든 유튜브든 콘텐츠를 소비할지 말지 결정하는 데 단 1.2초 걸린다. 그 시간 안에 사람들의 시선을 사로잡지 못하면 정말 살아남기 힘들다. 물론 이미 구독층이 탄탄한 셀럽이나 크리에이터는 그런 고민 없이 알아서들 끝까지 봐 주겠지만, 그런 슈퍼 파워를 갖지 못한 일반 제작자들은 처음에 붙잡지 못하면 진짜 힘들어진다.

기가 차게 신기하거나 재미있는 동물 콘텐츠가 아니라 스토리로 승부하는 콘텐츠의 경우에 시작은 매우 중요하다. 그 시작은 제목과 게시물 소개글부터 시작한다. 사람을 보는 첫인상과도 같은 게 콘텐츠의 제목과 게시글인데 이것을 매력 없이 두루뭉술하게 올리면 사람들의 기대치도 확 떨어지게 돼 있다. 의심이 생긴다면 지금 지하철에서 스마트폰으로 페이스북을 보는 사람들을 보면 답이 나온다. 얼마나 휙휙 빨리도 넘겨 보는지.

콘텐츠를 소개하는 게시글과 제목은 콘텐츠 생명의 절반을 좌우한다고 해도 과언이 아니다. 측정할 수 있는 방법도 애매하고 상황도 매우 주관적이라 과학적인 근거를 대라면 댈 게 없다. 카드뉴스 수천 개를 만들어 시장에 유통시켜 본 결과 얻게 된 일종의 축적된 경험론이다.

재치 있는 게시글 하나가 애매한 콘텐츠를 완전히 살려 놓는 경우도 많았고, 반대로 성의 없게 쓴 게시글 하나가 잘 만든 콘텐츠를 죽이는 경우도 봤다. 제목은 더 결정적이다. 제목이 얼마나 사람들의 콘텐츠 선택을 좌우했으면 낚시질이라도 해서 눈길을 잡으려는 기술이 나왔을까.

어뷰징이라고 불리는 낚시질의 핵심은 결국 제목 장사인 걸 웬만한 사람은 다 알 거다. 제목에 낚여서 후회한 게 한두 번은 아니겠지만, 결국 인상적인 제목에 또 유혹을 느끼게 된다.

포털에서 실시간 검색으로 어떻게 장사를 해 보려는 사람은 그야말로 제목 낚시질을 하든 말든 상관이 없다. 어차피 포털로 콘텐츠를 소비하고 있는 사람들이기 때문에 해당 제작자가 누군지 별로 인식 못하고 넘어간다. 그러나 SNS는 다르다. 구독을 기반으로 한 콘텐츠 소비 패턴이 강하기 때문에 제작자의 신뢰도나 이미지가 훼손될 경우 구독이 끊어지는 건 그야말로 한순간이다.

매력적인 콘텐츠를 만드는 노하우

때문에 SNS에서 매력적인 콘텐츠 유통을 하고 싶다면 제목과 게시물 소개글을 정말 고심해서 써야 한다. 지나치게 선정적인 제목으로 낚시질을 해 대다간 금방 사람들이 떨어져 나갈 것이고, 그렇다고 심심하게 제목을 달았다간 또 쉽게 외면당할 것이다. 분명한 건 잘 되는 콘텐츠는 첫인상부터 다르다.

제목과 소개글 다음에 도입부도 매력을 끌기 위한 중요한 요소다. 콘텐츠 도입부에서 사람들의 시선을 붙잡아 두면 콘텐츠 소비에도 관성이 생긴다. 동영상 시청자 수 그래프를 보더라도 처음 3초까지 급격하게 이탈하고 10초까지도 가파르게 감소한다. 그리고 15초 정도가 지나면 콘텐츠가 30초짜리든 1분짜리든 5분짜리든 감소 폭이 크지 않다. 일단 보기 시작하면 이미 써 버린 시간이 아까워서라도 끝까지 보려고 하는 경향이 크다는 뜻이다. 일종의 소비 관성이 생긴다. 거꾸로 말하면 그만큼 초반 이탈자를 줄이면 줄일수록 콘텐츠의 바이럴은 더욱 커진다는 뜻이다.

매력적인 콘텐츠는
스토리가 다르다

●

스토리의 힘은 이른바 구성의 영역이다. 구성을 어떻게 하면 잘 하는지 역시 이론적으로 쉽게 해결할 수 없는 영역이기도 하다. 요리를 잘하는 사람에게 계측할 수 없는 손맛이란 게 있듯이 구성을 잘 하는 사람 역시 상황에 따라, 이야기 재료에 따라 유연하고 창의적으로 이야기를 풀어 가는 재주가 있다.

매력적인 콘텐츠에 나타나는 공통적인 특징 중 하나는 스토리가 심플하다는 것. 복잡하게 꼬아 놓은 구성은 정말 특별한 재주꾼이 할 수 있는 영역의 작업이니, 절대로 욕심을 내선 안 된다. 세상에 천재는 많지만, 내가 천재일 확률은 매우 낮다.

스토리텔링을 잘 하는 가장 기본은 스토리가 심플해야 한다. 특히 모바일로 콘텐츠를 소비하는 경우에는 더욱 그렇다. TV나 영화와 모바일은 콘텐츠를 소비하는 집중력이 전혀 다르다. TV와 영화는 오로지 그 콘텐츠를 소비하기 위해 시간을 내어 의지를 갖고 소비를 하는 경우가 많다.

그러나 모바일 콘텐츠에서 영화적 상상력을 발휘해 이야기를 구성하면 십중팔구 실패하게 된다. 왜냐하면 모바일에서 콘텐츠를 소비하는 사람들은 잠시 시간을 내어 보거나, 이동하면서 보거나, 다른 일을 동시에 하는 경우가 많기 때문이다. 게다가 모바일에서 동영상을 보는 사람들의 절반 이상은 소리를 듣지 않고 콘텐츠를 소비한다. 소리를 듣지 않는데 영상을 100% 이해하는 것 자체가 불가능하다. 그래서 모바일 콘텐츠는 소리를 듣지 않고 슬쩍 화면만 봐도 이해될 수 있게 쉬운 구성이어야 한다.

매력적인 콘텐츠는 스토리가 하나의 주제를 향해서 집중력 있게 전개된다. 하고 싶은 이야기가 너무 많아서 이것도 넣고 싶고 저것도 넣고 싶고 그래서 이것저것 다 넣다 보면 하나하나 좋은 이야깃거리로 구성됐다고 하더라도 산만해져 재미없어진다. 하나의 이야기에 집중해서 그 이야기를 중심으로 스토리를 짜 나가는 것이 중요하다.

영화를 다시 비교해서 설명해 보자. 보통 영화는 두 시간이 넘는다. 두 시간 동안 집중해서 보는 게 쉽지는 않다. 그런데 많은 관객을 동원한 '터진' 영화 중에 옴니버스 형 영화가 어디 있던가? 여러 가지 이야기를 묶어서 보여 준다고 해서 사람들이 많은 이야기를 한 번에 볼 수 있으니 좋아하던가? 절대로 그렇지 않다. 좋은 이야기를 병렬적으로 보여 주는 건 매력적인 콘텐츠가 될 수가 없다. 특히 긴 시간을 할애하지 않는 모바일 콘텐츠 소비 패턴 특성상 하나의 콘텐츠에는 하나의 이야기에 집중해야 한다.

하지만 실제로 제작을 하다 보면 말처럼 쉽지 않다. 제작자의 입장에서는 취재하고, 직접 찍고, 직접 만나서 인터뷰한 모든 것들이 하나같이 소중하다. 이야기를 만들기 위해 모아 놓은 것들을 버린다는 게 참 어려운 일이다. 여기서 늘 문제가 발생한다.

매력적인 콘텐츠를 만들기 위해서는 정말 잘 버려야 한다. 버려야 할 건 버리고 살릴 걸 살려야 하는데 그게 안 되면 이야기가 '무슨 이야기를 하는지 모르겠다'는 제작자의 자괴감을 파고드는 댓글들이 달리는 결과로 이어진다.

그렇다면 어떻게 버려야 할까? 이건 웬만해선 혼자 하기 어렵다. 사랑에 빠지면 객관적인 판단력을 상실하듯 직접 콘텐츠를 제작한 사람은 이미 객관적인 판단력을 상실했다고 봐야 한다. 내가 피와 땀을 흘려 만든 콘텐츠인데 어찌 사랑하지 않을 수 있겠는가? 그래서 주변의 도움을 꼭 받는 게 좋다.

내 이야기를 처음 듣거나 내 콘텐츠를 처음 본 사람일수록 좋다. 그 사람이 재미없거나 이해가 안 간다고 하는 부분을 과감하게 도려내라. 내가 구성한 이야기를 이해하지 못한다고 아쉬워할 것도 없다. 내 콘텐츠를 모바일로 처음 보는 소비자들의 반응도 비슷할 것이기 때문이다. 보여 주는 사람도 복수인 게 좋다. 처음 보여 주는 주변인의

매력적인 콘텐츠를 만드는 노하우

기호가 매우 독특할 수도 있기 때문에 한 명의 말만 믿다간 땅을 치고 후회하는 일이 생길 지도 모른다.

매력적인 스토리는 간결한 구성 외에 힘을 잘 나눠 쓴다는 특징이 있다. 이야기를 구성하다 보면 이야기 안에 가장 자신 있는 부분이 있다. 기승전결로 굳이 나눠서 보자면 이야기가 전개되는 도입이 그럴 수도 있고, 긴장감을 끌어올리는 '승'이 그럴 수도 있고, 클라이맥스라고 할 수 있는 '전'이, 또는 이야기를 마무리하는 '결'이 자신 있을 수도 있다. 반드시 클라이맥스가 이야기의 하이라이트가 될 필요는 없다. 가장 자신 있고 재미있는 부분을 힘주어서 강조하면 된다.

이것도 쉽게 이야기해 보자. 콘텐츠를 보다 보면 특히 영상을 보다 보면 몇 번을 되돌려 보는 부분이 있다. 이유는 다양하다. 영상이 인상적이거나 볼 때마다 '현웃'이 터지거나, 왜 그런지 궁금증을 지울 수가 없어서 다시 보는 경우다. 상대에게 그런 반응을 이끌어 낸다면 그 콘텐츠는 무조건 성공한다.

가장 자신 있는 부분에서 이런 반응이 나오도록 집중해서 구성해야 하는데 매력적이지 못한 콘텐츠는 힘줘야 할 곳에 힘을 주지 못하고 평범하게 이야기가 전개되는 경우가 많다.

내 이야기에서 핵심이다 싶은 부분은 좀 과하다 싶을 정도로 강조를 해도 된다. 모바일에서는 과하다 싶을 정도로 강조를 해도 사람들의 인상에 남기 쉽지 않다. 절대로 영화나 TV를 생각하면 안 된다. 앞서 말했지만 영화나 TV는 콘텐츠를 보는 사람들의 집중도가 스낵형 모바일 콘텐츠를 보는 사람들의 집중도와는 너무나 큰 차이가 나기 때문이다.

CHAPTER 6

독자를
끌어당기는
SNS
글쓰기

이해가 아니라
공감하게 하라

●

'어쩌면 모든 대학생이 다들 이렇게 쓰지?'

스브스뉴스에서 인턴십 참가생들의 기사 초안을 받을 때마다 드는 생각이다. 하나 같이 일단 아는 체하는 투로 설명부터 하려고 든다. "이건 설명체야. 나는 묘사체가 더 낫다고 생각해."라고 말하지만 학생들은 대체로 처음엔 이 말을 못 알아듣는다.

되돌아보면 나도 대학생 시절엔 주로 '설명체'의 문장만 썼던 것 같다. 마치 내가 모든 걸 안다는 식으로 세상을 정의하고, 나의 세계관을 펼쳤던 것 같다. 지금 보면 부끄러운 글이다. 사실 '묘사체' 문장의 힘을 안 건 현직 기자가 된 뒤였다.

논설문 또는 칼럼이라면 주장을 펼치고 그 주장이 왜 타당한지 설명하는 설명체가 바람직하다. 하지만 스브스뉴스는 객관성을 잃지 않는 범위 안에서 공감을 일으키는 글쓰기가 필요하다. 독자에게 설명으로 주입하기보다는 객관적으로 묘사하면서 느끼게 해야 한다.

이렇게 여러 번 얘기해도 대학생들은 고개를 갸웃한다. 하긴 주입식 교육의 대명사인 대한민국 교과서가 모조리 설명체인데 평생 그걸 보고 자랐으니 설명체에 익숙해질 대로 익숙해졌을 수밖에.

동일한 내용도 설명체로 풀어낼 수도 있고, 묘사체로 풀어낼 수도 있다. 즉 둘 중 하나를 선택할 수 있다. 그런데 15년 가까운 기자 생활 경험을 해 보니 묘사하는 방식이 설명하는 방식보다 항상 효과적이었다. 묘사체는 설명체보다 전달력도 강하고 더 설득력 있다. 설명체는 시종 설득하려고 노력하지만 결과적으로 전달도 공감도 잘 안 된다. 독자는 머리만 아프다.

무언가를 설명해 이해시키는 글쓰기는 마치 주입식 교육을 하는 고지식한 교사의 강의와 다를 바 없다. 설명하는 사람은 논리를 주입하려 한다. 때문에 공급자 중심적인 글쓰기가 되기 쉽다. 받아들이는 입장에서도 어렵다. 이해한다는 건 항상 지적인 노력을 요구한다.

다음의 문장이 있다고 해 보자.

a는 b다.
b는 c다.
그러므로 a는 c인 셈이다.

전형적인 설명체다. 글쓴이는 논리를 제시한 것이다. 독자는 이해하려고 노력한다. 그 이해를 바탕으로 독자는 판단하거나 분별한다. 맞을까? 틀릴까? 맞다고 생각하면 수긍할 것이다. 하지만 동의하기 어렵다고 생각하면 그 논리를 거부한다. '내 의견은 달라.'라는 생각이 들면 그 글에 반박하거나 글을 외면하게 된다.

글쓴이 입장에서는 논리적으로 보이려고 한 것이라 해도 독자가 a, b, c의 각 단계에서 한 번만이라도 의심을 품으면 공감하지 못한다. 설득에 실패하는 순간이다. 공감이라는 목표를 위한 글쓰기라면 독자로 하여금 따지게 해서 좋을 게 하나도 없다. 강연 같은 것을 위한 글이 아니라면 굳이 내 논리를 주입해야 할 필요가 없기 때문이다.

백화점 식품 코너의 시식대 판매원을 생각해 보자. 일단 맛을 먼저 보여 준다. 맛을 보고 소비자가 관심을 표하면 그제야 밝게 웃으며 왜 이 식품이 뛰어난지 얼마나 좋은 환경에서 자란 재료인지 정보를 준다. 논리적 사고를 하기 이전에 일단 호감부터 갖게 된 소비자는 '이걸 사야겠다.'라는 강렬한 욕구를 갖는다. 제품을 사야 하는 이유를 하나하나 설득하는 게 아니다. 그냥 겪어 보게만 하는 거다. 그런데도 결과적으로 이 방식이 더 설득력이 있다.

글쓰기에서 묘사는 독자에게 있는 그대로를 보여 주는 것이다. 그냥 한번 느끼면서 간접 체험하게 하는 것이다. 독자에게 판단을 요구하지 않는다. 공은 독자에게 넘어간다. 느낌을 받은 독자의 마음속에 어떤 일이 일어날까? 최소한 논리적으로 따지지는 않을 것이다. 만약 독자가 감성적으로 몰입했다면 글쓴이가 거둘 수 있는 최고의 성공이다. 몰입하지 못 했다 하더라도 한 번 느껴 봤기 때문에 뇌는 그것을 기억할 것이다.

원리를 알았으니 실제 사례를 살펴보자. TV 프로그램의 내레이션이 대부분 묘사체다. 영상을 있는 그대로 묘사해 주는 내레이션이 방송엔 많다. 멘트가 영상을 도와주기만 해도 그것이 시청자 가슴 속에 얼마나 큰 울림으로 다가갈 수 있는지 방송을 제작해 본 사람이라면 잘 안다.

〈SBS 8뉴스〉 등에서 나온 방송 기사를 보고 '길이도 짧으니까 신문 기사보다 쓰기 쉽겠지.'라고 만만하게 생각하는 기자 지망생들이 간혹 있다(사실 내가 대학생 시절 그랬다). 하지만 짧은 시간에 객관적으로 상황을 묘사하면서 동시에 감성적으로 어필해 독자를 설득한다는 건 결코 쉬운 일이 아니다.

2010년 4월 16일 〈SBS 8뉴스〉 스튜디오가 순간 긴장에 휩싸였다. 김소원 앵커가 생방송 멘트 도중 갑자기 울먹였기 때문이다. 김소원 앵커는 바로 직전에 방송된 천안함 사건의 희생 장병에 대한 한 편의 뉴스 꼭지를 보다가 눈물을 흘렸다. 온에어 사인이 들어왔고, 다음 뉴스를 전하는 멘트를 할 차례가 되었지만 눈물은 그치지 않았고 결국 울먹인 음성이 전파를 탄 것이다.

당시 김소원 앵커를 울린 그 기사의 전문이다. 기자가 침착한 음성으로 조곤조곤 리포트를 한다. 마지막 문장 "대한민국은 영원히 잊지 않을 것입니다." 빼고는 모두 묘사체다.

그들이 돌아왔습니다.

그러나 귓전을 때리는 귀환 신고는 들리지 않습니다.

지난해 아버지 회갑연에서 아버지 볼에 입 맞추던 이상민 병장.
누나가 셋이나 있는 막내아들은 봉급을 쓰지도 않고 부모님 통장에 넣던 효자였습니다.

다음 달 1일 전역을 앞두고 마지막으로 천안함에 올랐던 이용상 병장.
쓰던 물건을 미리 집에 보내 놓고 정작 자신은 돌아오지 못했습니다.
[이상진/고 이용상 병장 동생: 휴가 나올 수 있다고, 제대하기 전에 나올 수 있다고….]

어여쁜 약혼녀와의 결혼을 한 달 앞둔 강준 중사.

아버지의 병원비를 혼자 감당하던 장남 남기훈 상사.

고3때 부모를 잃고 맏이로 동생을 뒷바라지해 온 김종헌 중사.
그에겐 결혼 7년 만에 얻은 세 살배기 아들이 있습니다.
[고 김종헌 중사 가족: (22개월이면 지금 막 말 시작하고.) 말하고, 이제 말하고 하는데 군인만 보면 "아빠! 아빠!" 하고 다닌다니까….]

또 그들은 친구였고, 연인이었고, 자상한 오빠였습니다.

"기다려라, 돌아온다!"고 다짐하는 장진선 하사의 홈피엔 "빨리 오라!"는 여동생의 절규가 남아 있습니다.

차균석 하사의 홈피엔 함미 인양 직전 그의 애인이 올린 듯한 "사랑해!"라는 슬픈 고백이 흐느끼고 있습니다.

누군가의 그리움이고 사랑이었던 젊은이들, 그들이 지켜 온 대한민국은 그들을 영원히 잊지 않을 겁니다.

(기사 작성: SBS 손승욱 기자)

다시 정리해 보자. 묘사체는 단지 생생하게 그려 냈을 뿐이다. 그렇게 그려 낸 상이 독자의 머리에 맺힌다. 그러면 독자는 간접 체험을 한다. 그러면 느낌이 오고 자신도 모르게 공감이 된다. 공감의 울림이 크면 '감동'이 된다. 분별도 판단도 모두 필요 없다. 그냥 겪었고, 느꼈을 뿐인데, 마음이 움직인다. 이 과정을 도식화하면 아래와 같다.

묘사 ⋯→ 간접 체험 ⋯→ 공감 ⋯→ 감동

반면 설명체 문장을 본 독자의 반응은 이렇다. 논리로 들이대면 독자도 논리로 대응한다. 글쓴이가 전달 또는 설득에 성공할 확률은

독자를 끌어당기는 SNS 글쓰기

절반이다. 독자는 수긍하거나 거부할 것이므로. 이를 도식화하면 아래와 같다.

설명 ⋯⟶ 논리적 이해 ⋯⟶ 판단 & 분별 ⋯⟶ 수긍 또는 거부

사실 모두가 너무 중요하다고 생각하는 주제이거나, 모두가 이해하고 싶어 하는 주제가 간혹 있다. 예컨대 최순실 국정 농단 사태가 한창 이슈일 때 '씨리얼'이라는 CBS의 뉴미디어 코너가 있었는데, 전형적으로 '이해시켜 줄게'를 표방하는 기획이었다. 설명체는 이런 콘텐츠에서는 당연히 유효하다.

그런데 사실 설명체도 그 설명의 근거가 되는 사례를 보여 주며 묘사적 속성을 띨 때 훨씬 독자에게 어필할 수 있다. 사례조차 없이 원리와 논리 설명만으로 이해시키려는 경우는 보통 전달력도 약하고, 심지어 근거가 빈약하거나 억지스럽기도 하다.

그러면 스브스뉴스에서 실제로 인턴 대학생이 써 온 초안을 지도한 사례를 통해 똑같은 내용을 설명체에서 묘사체로 어떻게 바꿨는지 보여주도록 하겠다.

사실 다음 초고를 작성한 인턴 대학생은 재심 전문 변호사로 유명한 박준영 변호사를 도와주려는 진심 어린 마음을 강하게 갖고 있었다. 이 카드뉴스로 박 변호사를 위한 크라우드 펀딩을 할 계획이었기에 편

연봉 0원짜리 변호사
파산한 변호사는 누가 지켜 주나요?

변호사 평균 연봉이 1억 545만 원 시대. (출처: 법률신문 뉴스)
심지어 판사 출신 변호인은 100억 원대의 수임료를 받는 세상.

그런데 여기 연봉이 0원이라는 한 변호사가 있습니다.
바로 박준영 변호사입니다.
심지어 최근에는 파산 위기에 처했다고 하는데요.
어쩌다가 돈 잘 버는 변호사가 파산할 지경까지 된 걸까요?

"엉뚱한 사람이 누명을 써서 형이 확정되고 복역을 한 상태라면 다시 재심을 받기는 거의 불가능에 가깝습니다."

박준영 변호사는 엉뚱하게 누명을 쓴 사람들이 오명을 벗을 수 있도록 재심을 진행해 달라고 말하는 재심 전문 변호사입니다.

약촌오거리 살인 사건
2000년 8월 10일에 전북 익산에서 한 택시 기사가 칼에 찔려 살해된 사건입니다. 처음 용의자로 지목돼 징역을 살았던 한 소년의 억울함을 밝히기 위한 재심 청구 절차를 진행 중입니다.

(중략)

딩에 성공하고자 하는 강한 의지를 갖고 글을 쓰기 시작했던 것이다.
그 설득 의지는 글에 오롯이 담겼다. '파산한 변호사는 누가 지켜 주나요?'라며 제목부터 설득의 드라이브를 걸고 있다. 주제인 '돈' 이야기부터 시작한다. 변호사들은 다들 돈 잘 버는 이 시대, 파산 위기에 몰린 박준영 변호사를 소개하고, 그의 경력과 활약상에 대해 애타게 설명하고 있다. 박 변호사에 대해 자세히 알리고, 그의 상황을 설명하려는 글쓴이의 접근은 일견 당연해 보인다.

하지만 이렇게 박 변호사가 얼마나 노력했으며, 얼마나 힘들었는지 이해해 달라고 설명할 경우 독자들은 자기도 모르게 박준영 변호사라는 인물에 대해 '이성적인 판단'을 하게 된다. 얼마나 훌륭한 변호사인지, 얼마나 도움이 필요한 상황인지 독자로 하여금 판단하게 유도하고 있다.

그런데 이보다 더 좋은 방식은 그냥 박 변호사가 활약하던 그때 그 시간으로 독자들을 순간 이동시키는 것이다. 마치 박 변호사를 옆에서 바라보듯 그 사건과 상황을 묘사하는 것이다. 그러면 독자들은 어렴풋이나마 박 변호사를 간접 체험하게 되고, 그러면 박 변호사라는 인물에 대해 느껴 볼 수 있다. 공감이 된다면 그리고 감동이 된다면, 이성이 작동할 새도 없이 감정이 말을 한다.

'저렇게 희생하는 훌륭한 분이 망하게 내버려둬선 절대 안 돼.'

인턴에게 이런 묘사 방식으로 전략을 바꿔 보자고 했다. 함께 상의하며 구성을 바꿨고, 최종본은 아래와 같이 나왔다. 이 작품을 계기로 이 학생의 글 실력은 부쩍 늘었다. 또한 크라우드 펀딩에서도 성공해 박 변호사에게 적지 않은 도움을 줄 수 있었다.

제목: 연봉 0원짜리 변호사
파산한 변호사는 누가 지켜 주나요?

변호사 평균 연봉이 1억 545만 원 시대. (출처: 법률신문 뉴스)
심지어 판사 출신 변호인은 100억 원대의 수임료를 받는 세상.

그런데 여기 연봉이 0원이라는 한 변호사가 있습니다. 바로 박준영 변호사입니다. 심지어 최근에는 파산 위기에 처했다고 하는데요. 어쩌다가 돈 잘 버는 변호사가 파산할 지경까지 된 걸까요?

"엉뚱한 사람이 누명을 써서 형이 확정되고 복역을 한 상태라면 다시 재심을 받기는 거의 불가능에 가깝습니다."
박준영 변호사는 엉뚱하게 누명을 쓴 사람들이 오명을 벗을 수 있도록 재심을 진행해 달라고 말하는 재심 전문 변호사입니다.

약촌오거리 살인 사건
2000년 8월 10일에 전북 익산에서

제목: 바보 변호사

지난 2007년 수원의 한 경찰서로 한 노숙인이 잡혀 왔습니다. 그는 지적장애인이며, 15살 가출 소녀 살인 사건의 용의자였습니다.

노숙인은 범행을 부인했습니다. 경찰은 서류철로 머리를 때리고 다그치며 자백을 강요했다고 합니다. 두려움에 휩싸인 그는 허위 자백을 하고 말았습니다.

뒤늦게 법정에서 억울함을 호소했지만 결국 징역 5년을 선고받고 교도소에 수감됐습니다.

그런데 어느 날 한 낯선 남자가 면회를 왔습니다.

"이 사건은 분명히 무죄입니다. 누명을 벗으셔야 할 게 아닙니까. 제가 도와드리겠습니다. 우리, 재심 받아냅시다."

같은 사건의 또 다른 용의자를 변

한 택시 기사가 칼에 찔려 살해된 사건입니다. 처음 용의자로 지목돼 징역을 살았던 한 소년의 억울함을 벗기기 위한 재심 청구 절차를 진행 중입니다.

나라슈퍼 사건
1999년 2월 6일에 전북 완주군 삼례의 나라슈퍼에 침입한 강도 3명이 범행을 저질렀고 이 과정에서 주인 할머니가 목숨을 잃었습니다. 이때 범인으로 지목된 소년범 3명의 무죄를 주장하며 재심 청구를 진행하고 있습니다.

친부 살인 사건
부친 살해 혐의로 15년째(확인) 복역하던 무기수 김신혜 씨가 최근 법원의 재심 결정을 받았습니다. 박준영 변호사는 피고인들의 허위 자백을 밝혀내 무죄를 이끌었습니다.

"가난하고, 못 배웠으며, 지적장애가 있거나, 자기표현을 잘 못하는, 게다가 살인 누명까지 쓴 사람들을 겪어 보니 자꾸 도와주고 싶은 마음이 생겼어요."

호하다 이 노숙인도 억울하다는 사실을 알게 된 변호사였습니다. 변호사는 제 발로 찾아와 무료 변론을 자청했습니다.

그가 바로 '바보 변호사', 박준영입니다.

그는 수감 중이던 노숙인은 사법 피해자라며 재심을 청구했고, 결국 무죄를 받아 냈습니다. 무려 6년을 매달려 얻어 낸 정의의 승리였습니다.

그 뒤 박 변호사는 우연히 〈그것이 알고싶다〉에서 '약촌오거리 택시 기사 살인 사건'을 봤습니다. 허점투성이 수사에 분노한 그는 복역 중이던 소년을 직접 찾아가 재심 변론을 맡았습니다.

억울한 사법 피해자를 발견할 때마다 그는 이렇게 직접 찾아가 무료로 도왔습니다. 삼례 나라슈퍼 사건, 친부 살인 김신혜 씨 사건 등도 그가 재심 결정을 이끌어 낸 사건들입니다.

굵직한 재심을 몇 건이나 성공시켜 억울한 사람들의 누명은 벗겨 줬지만, 수임을 받지도 못하다 보니 박준영 변호사의 경제 상황은 점점 나빠졌습니다.

"처음에는 변호사 두 명과 함께 진행했는데 경제 사정이 좋지 않다 보니 요즘은 1인 사무실로 운영하고 있습니다. 월세도 10달째 못 내서 이번 달에는 사무실도 비워 줘야 해요. 무료 변론으로 수입이 없다 보니, 사무실 운영뿐 아니라 생활 자체가 어려운 상황입니다. 옳은 일을 하고 있다는 자부심은 있지만, 경제적 여건 때문에 이 일을 계속할 수 있을지도 불투명합니다."

SBS 스브스뉴스와 나도펀딩, NAVER 해피빈이 여러분의 정성을 모아 전달하기로 했습니다. 박준영 변호사가 다시 억울한 사람들의 누명을 벗겨 줄 수 있도록 우리가 조금이나마 힘을 보태면 어떨까요?

재심 사건은 보통 돈도 되지 않는 데다 승소하기도 극히 어렵습니다. 그런데도 박 변호사는 왜 이런 재심 사건을 찾아다니면서 맡은 걸까요?

"잘못은 반드시 밝혀진다. 잘못된 것을 아는 사람들은 적극적인 증언을 반드시 해 줄 것이다. 우리 사회는 정말 따뜻하다. 우리나라는 굉장히 정의로운 사람이 많다. 내가 거기에 조금이라도 기여하고 싶다."

하지만 거의 무료로 변론을 하다 보니 그의 경제 사정은 점점 악화됐습니다. 같이 일하던 변호사들을 내보낸 지는 오래고, 빚이 쌓여 이번 달 말까지 사무실을 비워야 합니다.

"사법 피해자들은 사회적 약자들입니다. 그러니까 돈을 받는다는 것은 말도 되지 않죠."
마이너스 1억 원짜리 통장. 그간 재심 사건만 주로 맡다 그가 얻은 유일한 훈장입니다.

억울한 사람의 누명을 벗기는 데 앞장서다 경제난에 몰린 '바보 변호

사' 박준영. 그가 정의를 위한 변론을
계속할 수 있도록 마음을 모아 그를
응원하고자 합니다.

고수일수록
팩트만
보여 준다

내가 대학생 시절 언론사 입사 준비를 위해 글쓰기 연습을 하다 문득 이런 생각이 들었다.

'나도 자신도 모르게 자꾸 허황되고 장황하게 말잔치를 벌이고 있는 건 아닐까?'

내가 글을 쓰는 이유가 대체 무엇인지 스스로에게 물어봤다. 솔직히 그때 글쓰기의 목적은 단 하나, '잘 썼다'고 평가받고 싶었다는 것이었다. 그게 다였다. 그때 연습 삼아 써 본 '이라크 파병' 이슈나 '행정수도 이전' 이슈도 난 솔직히 별 관심이 없었다. 좋은 평가받아서 기자 시험에 합격해 취직하고 싶어서 글을 썼을 뿐이다.

스브스뉴스에서 인턴 대학생의 글쓰기를 지도하다 보면 대학생 시절 내 모습이 속속 떠오른다. 그때는 누군가의 반박을 허용하고 싶지 않아 광범위한 담론을 모두 포괄하고 최대한 거시적으로 얘기하면서 이야기를 풀어 가고 싶어 했던 것 같다.

2016년 당시 선발된 인턴 중에 글쓰기에 재능을 보였던 친구가 쓴 카드뉴스 초안이다. 당시 만화가를 돕는 직군인 이른바 '어시스턴트'들이 겪는 고충과 애환, 인권침해에 대해 취재한 뒤 이렇게 초안을 가져왔다. 일단 앞부분을 한번 읽어 보자.

#1.
'보조'의 설움

#2.
"5845억 원"
(KT경제경영연구소, 2016 국내 웹툰 시장 규모 전망)

2000년대 이후, 인터넷 활성화와 함께 급성장하기 시작한 국내 웹툰 시장은 이제는 국내 만화 시장 규모의 확대까지 이끌고 있습니다.

#3.
(미생, 내부자들 포스터 사진/ 억대 연봉 기사 헤드라인 사진)
특히 최근 들어 웹툰 원작 드라마와 영화가 연이어 큰 성공을 거뒀고, 소수 웹툰 작가들이 억대 연봉을 받는다는 사실이 알려지면서 큰 화제를 모으기도 했습니다.

#4.
"만화가 27.6%는 낮고 불규칙한 소득으로 인해 다른 직업을 병행하고 있다."
(2015 문체부 문화예술인 실태 조사)

하지만 일부 화려한 성공에 가려져 많은 웹툰 작가, 만화가들의 어려움은 그만큼 주목받지 못하고 있는 것이 사실입니다.

#5.
그나마도 그들 밑에서 보조 일을 하는 '어시스턴트', 혹은 '문하생'들의 상황은 더 열악합니다. 제대로 된 계약서도 쓰지 않고 고용되어 열정 페이를 받고 부당한 착취를 당하는 경우가 발생하곤 합니다.

(중략)

이 초고를 쓴 인턴 기자는 기자 지망생으로 굉장히 의협심이 강한 친구였다. 만화계에서 어시스턴트가 겪는 문제를 꼭 제대로 짚어 내고 싶은 생각이 가득했다. 그러다 보니 글이 거시적인 시각에서 출발한다. 웹툰 시장이 연간 6천억 원 수준으로 성장했는데도 여전히 생활이 어려운 웹툰 작가들이 있다며 글은 시작한다. 그런데 이런 웹툰 작가보다도 더 어려운 이들이 바로 보조를 하는 어시스턴트라고 말하며 비로소 주인공을 등장시킨다. 글의 전반부만 보면 무엇이 핵심 주제인지, 누가 주인공인지도 파악하기 어렵다.

글의 핵심은 '만화계 어시스트 직군에 대한 부당한 처우'인데, 그 얘기를 풀어내기 위해 굳이 만화업계 전반에 대한 산업적 분석까지 필요했을까? 결국 독자 입장에선 서론이 장황하기만 한 레토릭으로 보일 수 있다. 시작이 너무 장황한 것으로 읽힐 수 있다는 나의 지적에 인턴 대학생은 굽히지 않고 이렇게 자신의 취지를 밝혔다.

"국내 웹툰 업계에 이렇게 큰돈이 몰리는데도 불구하고, 어시스턴트의 생활은 조금도 나아지지 않았고 여전히 착취 구조에서 신음하고 있다는 걸 보여 주고 싶었어요."

논리적으로는 맞는 말이다. 그 인턴 대학생의 초롱초롱한 눈망울을 보면서 어떻게 설득할지 고민하다 이렇게 말했다.

"양식 있는 독자라면 너의 글을 보고 굉장히 공감할 것 같아. 하지만 대부분의 독자들은 생각보다 참을성이 없단다. 앞의 한두 문장 안에 글의 대략 흐름이 읽히지 않으면 혼란스러워서 중간에 읽기를 포기하는 경우가 많거든."

내가 기자 생활을 시작하면서 알게 된 것은 글쓰기의 고수일수록 팩트만 보여 준다는 것이다. 주저리주저리 왜 이게 중요한지를 레토릭으로 설득하지 않고 그냥 딱 팩트로만 승부한다. 그게 더 설득력 있기 때문이다. 이런 이야기를 해 주고 그 인턴 대학생에게 "그냥 우리 하고 싶은 이야기에 집중하자."고 제안하자 학생은 수긍하며 처음부터 다시 써 왔는데 훨씬 좋은 글로 바뀌어 있었다.

#1.
'보조'의 설움

#1.
'보조'는 봉이 아닙니다.

#2.
"5845억 원"
(KT경제경영연구소, 2016 국내 웹툰 시장 규모 전망)
2000년대 이후, 인터넷 활성화와 함께 급성장하기 시작한 국내 웹툰 시장은 이제는 국내 만화 시장 규모의 확대까지 이끌고 있습니다.

#2.
〈"11개월 만에 지옥에서 벗어났습니다…."〉

2014년 한 만화 업계 온라인 커뮤니티에 한 글이 올라왔습니다.
유명 만화가 A씨의 부수적인 작업을 해 온 이른바 '어시스턴트'(보조 업무자)가 '지옥' 같았던 생활상을 폭로했습니다.

#3.
(미생, 내부자들 포스터 사진/ 억대 연봉 기사 헤드라인 사진)
특히 최근 들어 웹툰 원작 드라마와 영화가 연이어 큰 성공을 거뒀고, 소수 웹툰 작가들이 억대 연봉을 받는다는 사실이 알려지면서 큰 화제를 모으기도 했습니다.

#3.
작업 도중 상습적으로 A씨로부터 욕설을 들었습니다. 주말 근무와 밤샘 작업은 일상이었습니다. 많지도 않은 급여조차 '실수가 있었다', '작업량이 적었다'는 등 온갖 이유를 대며 깎아 지급했습니다.

#4.
"만화가 27.6%는 낮고 불규칙한 소득으로 인해 다른 직업을 병행하고 있다."(2015 문체부 문화예술인 실태 조사)

#4.
폭로 뒤 논란이 커지자 만화가 A씨는 작업량에 비하면 급여를 적게 주지 않았다고 말했습니다. 하지만 급

하지만 일부 화려한 성공에 가려져 많은 웹툰 작가, 만화가들의 어려움은 그만큼 주목받지 못하고 있는 것이 사실입니다.

#5.
그나마도 그들 밑에서 보조 일을 하는 '어시스턴트', 혹은 '문하생'들의 상황은 더 열악합니다. 제대로 된 계약서도 쓰지 않고 고용되어 열정 페이를 받고 부당한 착취를 당하는 경우가 발생하곤 합니다.

#6.
"11개월 만에 지옥에서 벗어났습니다…"

2014년, 한 만화 준비생 커뮤니티에 이런 제목의 글이 올라왔습니다. 일본에서 활동하고 있는 한국의 유명 만화가의 어시스턴트로 일하며 감내해야 했던 '지옥' 같았던 상황이 낱낱이 적혀 있었습니다.

#7.
작업량이 적다거나 실수를 했다는 등의 핑계를 대며 지급하기로 했던

여 수준이 최저 임금에도 못 미친다는 증언이 나오면서 더 큰 비난을 받았습니다. 폭언과 욕설에 대해선 교육과정이어서 불가피했다고 둘러댔습니다.

#5.
만화 평론가 심상민 씨

"이렇게 만화가의 보조 역할을 하는 어시스턴트들이 교육이라는 미명 하에 착취, 폭언, 부당한 대우까지 감내해야 하는 건 어제 오늘의 일이 아닙니다."

#6. 〈일러스트〉
한 대학 (만화학과) 교수는 학과 학생들을 자신이 운영하는 일러스트 외주 업체로 데려가 실습을 명목으로 과도한 잡무를 시켰습니다.

#7.
"업무량이 많아서 집에 가지도 못하고 찜질방을 전전했어요."

순진한 학생들을 꾀어 헐값에 '어시스턴트'로 동원해 노동력을 착취했다

돈을 깎는 건 부지기수. 살인적인 작업 시간은 물론 폭언과 폭력적인 행동도 참아야만 했습니다.

#8.
이후 다른 어시스턴트 경험자들의 유사한 피해 사례가 수차례 올라왔고 결국 해당 만화가가 해명 글을 올리고 일부 의혹을 인정하는 깃으로 상황은 일단락됐습니다.

#9.
국내의 한 대형 일러스트 외주 업체 역시 열정 페이와 갑질 논란에 휩싸인 적이 있습니다. 그 와중에 소속 아카데미의 학생 어시스턴트들은 돈을 내고 학원을 다니면서 실력이 부족하다는 이유로 외주 작업을 배당받고, 일러스트 책을 내 줄 테니 돈을 내라고 요구받기도 했습니다.
http://cafe.naver.com/bscomic/434723

#10.
"50m 플라스틱 자로 엉덩이와 골반을 수시로 때렸다."
"등을 긁어 주겠다며 속옷 끈을 만지

는 비판이 쏟아졌습니다.

#8.
지금은 많이 없어졌지만 스승 만화가 밑에서 숙식만 제공받고 별다른 보수 없이 일을 돕는 '문하생'들이 겪은 상황은 더욱 심각합니다.

#9.
"50m 플라스틱 자로 엉덩이와 골반을 수시로 때렸다."
"등을 긁어 주겠다며 속옷 끈을 만지거나 허리를 손가락으로 찔렀다."

한 유명 작가 정 모 씨의 문하생이었던 20대 여성은 상습적으로 성추행을 당하기도 했습니다.

#10.
이렇게 열악한 현실 때문이었을까요?

[김보통 씨 페북 글]

웹툰 작가 김보통 씨가 최근 페이스북에 올린 어시스턴트 관련 글은 큰 화제를 불러 일으켰습니다.

거나 허리를 손가락으로 찔렀다."

또 다른 유명 웹툰 작가 정 모 씨의 문하생이었던 20대 여성은 상습적으로 성추행을 당하기도 했습니다. 견디다 못해 정 씨를 고소했고, 그는 항소심에서 집행유예를 선고받아 풀려났습니다.

#11.
그래도 상황이 많이 개선되고 있다고는 하지만, 여전히 어렵습니다.

#12.
며칠 전 유명 웹툰 작가 김보통 씨는 최근 페이스북에 이런 글을 올렸습니다. 댓글에는 그의 언행을 칭찬하는 글이 줄을 이었습니다.

#13.
그렇게 결심을 하게 된 이유를 묻자 그는 이렇게 대답했습니다.

"버는 돈이 적기 때문에 적게 준다는 것을 마냥 나무랄 수는 없겠지만, 이대로는 안 된다는 생각을 내내 해 왔습니다. 만화가라는 직업의 수익이

#11.
칼퇴근을 보장하고 정규직으로 채용하여 정당한 임금을 주겠다는 사실을 공표한 것만으로도 많은 이들의 성원과 지지를 받은 겁니다.

#12 〈인터뷰 형식〉

Q. "왜 이 글을 올리기로 결심한 건가요?"

A. "만화가의 수익이 불안정한 현실에서 같이 일하는 어시스턴트 분들 역시 열악한 처우와 불안한 고용 상황에 처해 있습니다. 그런 구조가 계속되는 건 문제라고 생각해 정규직으로 채용하기로 결심했습니다."

#13.
"절대 '나 정도면 훌륭하지!'라고 자랑하는 것이 아닙니다. 저 같이 비루한 만화가도 어시스턴트에게 이 정도 노동환경을 보장하고 있으며, 더 나은 처우를 위해 고민 중이라는 '상식'을 보여 주고 싶었어요."

불안정하기 때문에 같이 일하는 어시스턴트 분들 역시 일하는 동안에도 근로자로 인정받지 못하고, 언제 일이 끝날지 알 수 없고, 그렇기에 대비할 수도 없는 불안한 고용 상황에 처해 있었습니다. 개인적으로 그런 구조가 계속되는 것은 문제라고 생각해, 처음으로 어시스턴트 분을 정규직으로 채용하기로 결심했습니다."

#14.
"절대 '나 정도면 훌륭하지!'라고 자랑한 것이 아닙니다. 나 같은 비루한 만화가도 이 정도 노동환경을 보장하고 있으며, 더 나은 처우를 위해 고민 중이라는 '상식'을 보여 주고 싶었어요."

당연한 '상식'이 칭찬받는 현실, 그를 둘러싼 만화계의 구조에 대한 그의 한마디였습니다.

#14.
당연한 '상식'이 칭찬받는 만화 업계 현실.

아직도 수많은 '어시스턴트' 분들이 꿈을 저당 잡힌 채 상식 이하의 삶을 살고 있습니다.

바뀐 글은 사실상 팩트만 계속 전달하고 있다. 만화 어시스턴트의 실상을 폭로해 화제가 된 글부터 소개한 뒤 성추행당한 문하생 사례를 전했다. 이어 최근 이슈가 된 한 채용 공고를 소개했다. 어시스턴트를 정규직으로 채용해 칼퇴근시켜 준다고 한 지극히 상식적인 채용 공고가 큰 주목을 받았다는 건 역설적으로 얼마나 만화 업계의 착취 구조가 심각한지를 방증한다고 덧붙이며 마무리했다.

사안에 대해 잘 모르는 사람일수록 말솜씨로 논리를 쌓아 올리려는 경향이 있는 것 같다. 말솜씨가 현란해지다 보면 객관적으로 쓰려고 시작한 글도 주관적인 주장의 퍼레이드로 변질되기도 한다. 서로 어울리지 않는 재료를 한 쌈에 몰아 올려놓은 뒤 독자에게 강제로 떠먹이는 꼴이다.

그냥 팩트로 승부하는 게 최선이다. 고수는 자신이 주장하고 싶은 것을 정확히 담고 있는 팩트를 상세히 알고 있다. 그것도 여러 건을 알고 있다. 그래서 그 팩트를 전할 뿐이다. 그 팩트를 하나하나 밝혀 가는 과정에서 독자는 자기도 모르게 글쓴이의 생각에 동화된다. 그렇게 힘을 빼고 팩트만 하나씩 던지면서 자연스럽게 설득한다. 그러면 독자는 자기도 모르게 고개를 끄덕인다.

정확하지 않은 재미는
재미가 아니다

●

국민 대부분이 대학을 나오는 학력 인플레 시대, 왜 선진국이나 우리나라나 페이크 뉴스가 범람하고, 근거 없는 소문이 SNS에서 계속 퍼지는 걸까?

가장 큰 원인은 처음 올린 사람이 워낙 교묘히 꾸며서일 것이다. 그런데 원인을 하나 더 꼽으라면, 사람들이 팩트를 확인하지 않아서라고 할 수 있다. 단 한 사람만 팩트 체크를 제대로 하고 그것이 가짜 뉴스라고 알렸어도 그렇게 확산되진 않았을 것이다. 당장 검색으로 바로 확인할 수 있는 게 아니라면 사람들은 팩트를 잘 확인하지 않는다. 놀랍고 재미있으면 일단 퍼 나르기만 할 뿐이다. 약간 의심스러워도 그냥 넘어간다. 솔직히 귀찮으니까 그런 게 아닐까?

3년 전쯤 페이스북 등 SNS에서 아주 많이 돌고 돌았던 사진이 있다. 보라색 눈동자의 귀여운 소년 모습인데, 그 사진을 퍼 나르는 게시물에는 천만분의 일 확률이라는 말과 함께 알비노(백색증)에 걸려 오래 살기 힘든 불운한 아이라는 설명도 있었다. 알비노 환자의 증상이 보라색 눈동자라는 것이다. 너무나도 귀엽게 생겼는데 희귀병에 걸린 아이라니 불쌍하다며 동정하는 댓글이 이어졌다.

그래서 스브스뉴스팀에서 사실 여부를 확인해 봤다. 일단 사진의 출처부터 찾아봤는데 유튜브였다. 그런데 유튜브 영상의 아래 설명란에는 "파란색 눈인데 빛을 받으면 보라색으로 보여요."라고 쓰여 있었다. 그러니까 보라색이 아니라 원래는 파란색 눈동자를 가진 아이였던 것이다. 대한민국이란 나라에서는 "눈이 보라색이네, 알비노 환자네." 하면서 자신의 사진을 돌려 보고 있다는 사실을 알게 된다면 아이는 얼마나 황당할까.

그리고 전문의들에게 더 확인을 해 보니, 보라색 눈동자라고 꼭 알비노 환자인 것도 아니었다. 세상에 수많은 눈빛을 가진 사람들이 존재하며 눈동자 색만으로 병명을 진단할 수는 없다는 사실도 알게 됐다. 이렇게 취재한 것을 바탕으로 이 아이와 관련해 잘못 알려진 내용을 바로잡아 주는 '팩트 체크' 성격의 카드뉴스를 제작했다. 독자들은 좋은 반응을 보였다. 댓글에서 스브스뉴스에게 고마움을 표시하는 독자들도 있었다.

스브스뉴스는 SNS에서 떠도는 이야기의 진위 여부를 확인하는 팩트 체크 작업을 늘 해 왔다. '정확하지 않은 재미는 재미가 아니다'

를 슬로건으로 내걸었다.

사실 우리도 일이니까 그렇게 팩트 체크를 했지 일반인 입장에서 팩트를 일일이 확인한다는 건 쉬운 일이 아니다. 사실 여부를 확인해 줄 수 있는 전문가나 담당자를 찾기가 일단 쉽지 않고, 내용에 대해 잘 모르면서 물어본다는 것도 겁나는 일이다. 상당한 정성과 용기를 필요로 한다.

그럼에도 불구하고 팩트로 승부하는 콘텐츠를 만들기 위해서는 어쩔 수 없이 팩트 확인이 필수다. 세상에 이미 알려진 것과 내가 직접 확인한 팩트는 항상 차이가 있다. 현상과 사뭇 다른 진실을 만나게 된다. 때로는 팩트 확인 과정에서 내가 전혀 모르던 새로운 것을 알게 되기도 한다.

2017년 말 우리는 '아동청소년 성보호에 관한 법률 개정안' 관련한 카드뉴스를 만들었다. 담당 에디터는 신문 기사를 보고 그것을 재구성해서 초안을 작성했다. 그런데 사실 그 에디터는 해당 법률 개정안의 구체적인 내용을 확인하지 않은 상태였다. 신문 기사에 실린 해당 법률 개정안에 대한 설명으로 충분하다고 판단했기 때문이다.

우리는 법률 개정안 원본을 직접 확인해 보기로 했다. 직접 개정 법률안을 발의한 국회의원실에 전화한 그 에디터는 생각보다 호의적인 보좌진의 태도에 깜짝 놀랐다고 한다. 요청한 지 10분 만에 이메일로 개정안이 도착했다. "이렇게 쉽게 받아 볼 수 있는지 몰랐어요. 앞으로 항상 직접 취재하고 써야겠어요."라고 그 에디터는 말했다.

법률 개정안을 봤는데, 꽂히는 표현이 한 줄 있었다. 성범죄를 저지른 청소년이나 성매매로 유입된 청소년이나 똑같이 보호처분이라는 사법 처리를 받는 것은 문제라고 지적하는 문장이었다. 무고한 사람을 성폭행한 청소년과 어른들 꾐에 넘어가 성매매를 하게 된 청소년이 같은 잣대로 사법 처리를 받아 왔다는 사실을 새롭게 알게 된 것이다. 이 에디터는 카드뉴스의 구성을 완전히 새롭게 바꿨다. 법안의 본래 취지에 대해 더욱 깊이 이해하고 공감하며 제작하게 된 것이다. 직접 취재한 뒤 에디터가 다시 작성한 글을 깊이는 확실히 달랐다.

처음엔 망설였지만 용기를 내 직접 의원실에 전화해 취재를 해 보고 새로운 팩트를 스스로 발굴했을 때의 감격을 그 에디터도 체험하게 된 것이다. 그때 '취재'라는 게 그렇게 대단한 게 아니라는 걸 알게 된 에디터는 매번 '팩트 체크'를 성실히 하게 되었다. 팩트로 승부하는 강력한 글쓰기를 할 수 있게 된 것이다.

시끄러울수록
좋은 아이디어가
나온다

●

출근 첫날, 회의실에 줄지어 앉아 있는 인턴들 표정이 잔뜩 굳어 있다. 아버지뻘 되는 국장과 부장이 와서 격려사를 한 뒤, 삼촌뻘 되는 내가 오리엔테이션 강의를 해 줄 차례다. 가장 빠르게 스브스뉴스라는 조직의 분위기를 파악할 수 있게 나는 보통 3가지 질문을 한다. 보통 막 군에서 전역한 것으로 보이는 3, 4학년 남학생을 지목하고 이렇게 묻는다.

"여기는 엄청 큰 지상파 방송사라는 거 다 알죠? 사무실에 보면 여러분 아버지뻘 되는 부장님도 계신데 일하다 여러분들끼리 막 시끄럽게 얘기하고 그러면 돼요? 안 돼요?"

"안 됩니다!"

역시나 남학생은 잔뜩 긴장한 표정으로 목소리에 힘을 실어 대답

스브스뉴스 사무실에선 늘 소란(?)스럽게 일한다.

한다. 그러면 내가 기다렸다는 듯 이렇게 말한다.

"틀렸어요! 시끄러워도 돼요! 아니, 시끄러워야 해요!"

그러고는 한 가지 사실을 주지한다. 목동 SBS 사옥 전체에서 오직 19층만 팀마다 4면이 완벽하게 틀어막은 구조로 인테리어가 돼 있다. 특별히 4면을 모두 막아 달라고 요청해서다. 시끄럽게 떠들고 박장대소하면서 토론하며 일해야 하고 그게 스브스뉴스의 경쟁력이라는 굳건한 믿음 때문이다.

'시끄럽게 일하기'는 제작 과정에서 모두의 반응을 관찰하기 위해서다. 처음 스브스뉴스를 기획했을 때 젊은 친구들과 모여 회의를 하다 누군가 이야기를 꺼냈는데 다들 박장대소하면 바로 그걸 콘텐츠로 만들자고 합의했다. 팀원 모두를 '빵 터지게' 하는 에너지를 가진 내용이라면, SNS에서도 '빵 터뜨릴' 수 있기 때문이다.

초기 기획 단계뿐이 아니다. 나는 콘텐츠의 스토리를 구성할 때 꼭 한 번 옆 사람에게 시험 삼아 얘기해 보길 권한다. 그러면 재밌네, 재미없네 같은 반응부터 "그게 무슨 말이지?" 같은 질문도 들으며 자기 구성안에 대해 냉정한 평가를 받게 된다.

그리고 머리로 구성을 생각하다가도 입으로 스토리 구성을 풀어내다 보면 자기도 모르게 스토리 전개 순서가 정리가 되면서 앞뒤가 맞게 된다. 대화의 힘은 놀랍다. 대화를 거치며 스토리가 탄탄해진다. 상대방의 반응을 이끌어 내려고 열심히 설명하고, 또 상대방의 보석 같은 조언을 수렴하는 과정에서 스토리는 매력적으로 진화하고 논리적 일관성도 갖추게 된다. 글쓰기에 서툴렀던 대학생이 이런 식으로 반년 동안 시끄럽게 떠들면서 카드뉴스를 제작한 뒤 일반 기자 못잖은 글 실력을 갖추게 된 경우도 봤다.

다시 엄숙한 오리엔테이션 상황으로 돌아가 보자. 내가 두 번째 질문을 한다.

"아무리 대학생이 뛰어나다고 해도 나보다 잘할 수 있을까요?"

"아닙니다."

"그렇다면 내가 학생한테 내용을 이렇게 바꾸라고 지시했을 때, 말대답하면 돼요, 안 돼요?"

"안 됩니다!"

역시 이번에도 남학생은 덫에 걸렸다. 나는 기다렸다는 듯이 이렇게 말한다.

"틀렸습니다. 반드시 말대답을 해야 합니다. 팀장(기자)이 하는 말이 내 생각과 다르면 일단 무조건 한 번은 들이받아야 합니다. 여러분의 그 말대답이 꼭 필요해서 지금 여러분을 우리 팀원으로 뽑은 겁니다. 여러분의 감성은 저보다 훨씬 뛰어납니다. 절 도와주셔야 합니다. 시키는 대로만 하는 사람은 배우는 것도 적을 것이므로 본인한테도 엄청난 손해입니다. 무조건 일단 말대답을 해 주세요."

SNS에서 가장 중요한 코드는 공감이다. 그리고 그 공감은 제작자와 독자 간 나이차가 많으면 많을수록 이끌어 내기 힘들다. 스브스뉴스를 처음 만들었을 때 작가 한 분을 제외하고 구성원을 모조리 20대로 채운 이유는 20대가 SNS 최대 고객층인 20대의 마음을 얻는 방법을 가장 잘 알기 때문이다. 20대 고객을 타깃으로 삼은 매체라면 팀내 대다수가 20대여야 하고, 20대의 목소리와 기세가 30~40대 간부를 뛰어넘어야 한다.

한국 사회 조직 문화에서 '말대답하는 분위기'를 만드는 것은 생각보다 쉬운 일이 아니다. 하고 싶은 말 다 하고, 꼬박꼬박 말대답하고, 실컷 개기라고 여러 차례 말했지만 처음엔 분위기가 크게 달라지지 않았다. 그래서 고심 끝에 말대답하는 팀원이 나올 때마다 모두에게 들으라고 "이야, 내 아이디어보다 훨씬 좋네."라며 대놓고 칭찬을 해 봤다.

효과가 매우 좋았다. 하고 싶은 말 다 하는 분위기를 넘어 팀장인 나를 상대로 공개적으로 장난치거나 비꼬는 일도 자주 생겼다. 어쨌거나 참을 만했다. 그때 한 번 참은 만큼 20대 팀원들의 사기가 올라갔고, 그만큼 콘텐츠 품질이 좋아졌다.

언론사의 기사나 뉴스 제작 과정 중엔 '데스크'라는 단계가 있다. 기자가 기사를 쓰면 차장과 부장 등 관리자가 기사문을 첨삭하는 '게이트키핑' 과정을 말한다. 데스크 과정에서 더 좋은 기사가 만들어지기도 하지만, 때로는 기자의 본래 취지가 왜곡되기도 하고, 기사의 호소력이 떨어지기도 한다. 데스크 과정에서 지나치게 글이 난도질을 당해도 기자들은 대개 참고 넘어간다.

20대만의 감성이 최대 무기인 스브스뉴스의 데스크 과정은 일반 언론사 보도국의 전통적인 데스크 방식과는 달라야 한다고 생각했다. 그래서 역발상으로 '팀장이 허락 받는 데스크'라는 걸 해 봤다. 보도국에선 팀장이 일방적으로 후배가 쓴 기사를 고쳐 쓰지만, 스브스뉴스에선 팀장이 고쳐 쓰면서도 팀원에게 일일이 허락을 받는 식이다. 내가 "이렇게 고치면 더 좋지 않을까?"라고 물어보면서 한 문장씩 고쳐 나간다. 물론 어김없이 "싫은데요."라는 팀원 반응이 나온다. 그러면 열띤 토론이 시작된다.

표현 방식을 놓고 토론이 길어지면 내가 쓴 구성안과 팀원이 쓴 구성안을 단체 채팅방에 올려 이른바 '인민재판'을 받는다. 투표로 더 많은 표를 받은 구성안을 택한다. 때로는 팀원이 쓴 게 더 표를 많이 받기도 한다.

그럴 때면 팀원들은 동료의 승리를 축하하며, 일부러 내 귀에 들리게 하려고 낄낄 웃기도 한다. 팀장으로서 정말 창피한 일이지만, 나도 그렇게 내상을 입어 가며 20대의 감각을 배우게 된다.

한국 사회에서 '말대답'과 '개김'의 가치는 정말 중요한 것 같다. 팀장이 약간의 '쪽팔림'만 감수할 수 있다면 콘텐츠의 감성은 훨씬 젊어진다. 무엇보다 팀원에게 자신감을 불어넣어 줄 수 있다는 게 가장 큰 소득이다.

다시 오리엔테이션 현장으로 돌아와 나는 세 번째 질문을 이어 간다. 역시 한 명을 지목한 뒤 이렇게 묻는다.

"콘텐츠를 만들 때 말이죠, 사람들의 시선이 중요해요? 내 생각이 중요해요?"

"내 생각이 중요합니다."

대부분 이렇게 답하는데 그러면 나는 또 "땡!"을 외치면서 설명을 이어간다.

"이 질문은 사실 정답이 없지만, 스브스뉴스에선 내 생각보다는 사람들의 시선을 훨씬 중요하게 생각하며 일해 주셨으면 합니다."

물론 옳고 그른 것을 판단할 때엔 내 생각이 중요하다. 다수가 무단횡단은 해도 된다고 하더라도 나만큼은 무단횡단은 해선 안 된다는 신념을 굽히지 않아야 한다.

하지만 독자들과 공감하는 콘텐츠를 만드는 과정에서는 '사람들이 이걸 좋아할 거야!'라는 나의 생각보다도 사람들의 생각과 시선을 관찰하는 노력이 훨씬 중요하다. 내 생각이 중요하다는 자세는 이러한 노력에 방해가 된다. 그래서 사람들의 시선이 중요하다. 이를 위해 끊임없이 다른 팀원들에게 말을 걸고 반응을 관찰하면서 '사람들의 시선'에 대해 재차 확인하고, 다수를 만족시키는 방향으로 콘텐츠를 제작해 달라고 주문한다.

스브스뉴스 초창기 때 아이템 선정을 어떻게 할지 고민이었다. 내가 일하던 SBS 보도국에선 뉴스 선정을 보도국장이 한다. 회의에 참석한 부장들이 발제를 하면 이를 보도국장이 최종 결정한다. 물론 용감한 부장이 보도국장의 의사에 반하는 의견을 낼 수도 있지만 역시 최종 결정은 보도국장의 몫이다. 혹시 꼭 넣어야 할 아이템을 뺐거나, 넣지 말아야 할 아이템을 넣었을 경우, 보도국장은 잘못된 선택에 대한 책임을 진다.

스브스뉴스는 20대의 감성이 중요하기 때문에 보도국장 격인 팀장이 아이템을 최종 선정하는 구조로 가져가선 안 된다고 생각했다. 그래서 투표제를 도입했다. 팀원 중 과반수가 이건 카드뉴스로 만들어도 좋겠다고 판단해 손을 들면 채택하는 식이다.

역시 30대 후반인 나와 20대 초중반인 팀원과 생각의 괴리는 컸다. 자동차 보험료는 나는 관심 있는 이슈인데 당장 차를 살 돈이 없는 20대들에겐 관심 밖 내용이었다. 내가 그 자동차 아이템을 통과시키려면 20대들을 어떻게든 설득해야 했다. 대개 설득은 쉽지 않았고 설득에 실패하면 아이템 제작을 포기했다.

나는 주제를 다뤄야 하는 이유를 도무지 모르겠는데 20대들이 좋다고 표를 몰아줘서 하게 된 아이템도 많다. 내 의견에 반하는 내용으로 콘텐츠가 만들어지면 그 과정에서 나도 많이 배운다.

제목을 정하는 과정에서 망신을 당하는 경우도 많다. 제목은 SNS 콘텐츠의 사활이 걸린 승부처다. 내용이 아무리 좋아도 제목이 좋지 않으면 SNS 콘텐츠 시장에서 묻히기 때문이다. 그래서 스브스뉴스에선 절대로 개인이 홀로 제목을 정하지 않도록 하고 있다. 주변의 여러 사람에게 물어보거나 단톡방에서 투표를 해 정하도록 한다.

창작자는 보통 글을 다 쓴 뒤 맨 마지막에 제목을 짓는다. 그러면 전체 내용을 포괄하는 제목을 떠올린다. 하지만 그건 철저히 공급자 중심적인 제목을 짓는 길이다. 소비자 입장에선 내용을 전혀 모른 채 일단 딱 들었을 때 좋은 제목이어야 한다. 그래서 오히려 제3자가 지어 준 제목이 훨씬 좋은 경우도 있다. 신문사와 방송사에서도 헤드라인만 정하는 직책을 별도로 두고 있는 것도 이 때문이다.

한번은 문재인 대통령이 대입 때 재수했고, 사법시험도 재수 끝에 합격했고, 대통령도 재수해 드디어 당선됐다는 인생 역정 스토리를 담은 카드뉴스를 제작했다. 담당 에디터와 팀장인 나의 의견이 부딪쳤다.

실패할 때마다 자신의 문제점 개선하는 데 집중한 문 대통령의 모습에 감동받은 나는 '나는 무엇이 부족했는가'로 제목을 가자고 제안했지만 단번에 거절당했다. 담당 에디터는 '나의 재수 연대기'라는 제목을 고집했다. 결국 단톡방에서 인민재판을 받아보기로 했다. 결과는 '나의 재수 연대기'에 몰표가 나왔고 나는 처참하게 망신당했다. 한 팀원은 의기소침한 나에게 "파이팅~"이라고 말하며 위로했다.

카톡 채팅방 '제목 인민재판' 장면 캡처

콘텐츠의 미래,
무엇을 준비해야 할까

●

카드뉴스란 상품이 세상에 나와서 일반 명사가 되기까지 1년이 채 걸리지 않았다. 오픈 마켓의 특징을 고스란히 갖고 있는 포털과 SNS 플랫폼 특징 때문에 콘텐츠를 생산하는 사람이 시장에서 물건을 팔 수 있는 진입 장벽은 매우 낮아져 있다. 때문에 형식이든 주제든 인기를 얻는 콘텐츠는 금방 아류가 나타난다. 앞으로 그런 현상은 점점 더 심해질 것이다. 여기에 여러 가지 변종들이 나타나 소비자들의 구미를 당길 것이다. 콘텐츠의 다양화는 앞으로도 더욱 가파르게 진행될 것이다. 특히 이종 결합은 심해질 수밖에 없다.

스브스뉴스는 지난 1월 뉴스드라마라는 새로운 장르의 콘텐츠를 만들었다. 웹드라마라는 일반적인 장르에 청년 빈곤이라는 시사적 주제를 담았고, 드라마에 뉴스적 가치가 있는 팩트를 삽입해 제작했다.

외형상으로는 분명 웹드라마지만, 저널리즘적인 가치가 분명히 있는 뉴스적 콘텐츠 성격을 띠고 있다. 이름을 알 만한 셀럽이 한 명도 없었기 때문에 일반 드라마 제작비의 1/100 수준으로 제작할 수 있었다. 한마디로 하이브리드한 콘텐츠였다.

전통적으로 방송 콘텐츠를 구분하던 뉴스, 드라마, 예능, 교양이란 기준이 이제는 매우 모호해지고 있다. 예능과 교양의 경계는 무너진 지 이미 오래나. 교양과 뉴스의 영역은 어떤가? SBS 〈그것이 알고 싶다〉는 웬만한 뉴스보다도 훨씬 더 뉴스의 역할을 수행하고 있다. 드라마는 막대한 제작비라는 진입 장벽이 있기 때문에 그나마 형식적으로는 다른 분야의 침범을 막아 내고 있긴 하다. 그나마도 웹드라마에서는 영역이 점점 파괴되고 있다.

스브스뉴스의 뉴스 드라마가 그랬던 것처럼, 뉴스의 영역도 점점 다양해지고 있다. 과거 기준으로 봤을 때 도저히 용납할 수 없는 형태의 콘텐츠도 뉴스란 이름을 걸고 유통되고 있다. 사실 전달 등 저널리즘의 본질적 가치를 훼손하지 않는 범위 안에서 다양한 시도가 계속 이어지고 있다. 잡종과 변종이 순종과 경합하는 시대, 그러면서 매우 다양한 형태와 주제의 콘텐츠가 시장에서 소비되는 시대로 점점 진화해 갈 것이다.

TV가 등장한 후 신문 등 활자 매체의 쇠락이 시작됐다. 이미 동영상의 시대는 오래 전에 시작됐다. 그런데 뜬금없이 왜 동영상이 콘텐츠의 미래라고 이야기를 이제 다시 꺼냈을까?

콘텐츠 소비의 혁명적인 변화를 이끌어 낸 건 모바일이다. 정확히 말하면 스티브 잡스의 아이폰이다. 그런데 초창기 스마트폰은 동영상을 소비할만한 실력을 갖추지 못했다. TV로 HD 콘텐츠를 소비하던 시대에 랜선보다 느린 무선 네트워크로는 스마트폰에서 동영상 소비하기 힘들었다. 게다가 막대한 서버 비용을 감당하면서 동영상을 저장해서 사람들이 보게 할 만한 포털 사업자도 많지 않았다. 때문에 초기 스마트폰은 콘텐츠 형태적인 측면에서 보면 오히려 시대에 뒤떨어져 있었다. 화려한 동영상은 거의 없었고 대부분 텍스트와 이미지였다.

페이스북에서 동영상을 자유롭게 보기 시작한 게 언제인지 생각해 보라. 이제는 당연한 듯 보고 있지만, 페이스북이 본격적으로 동영상 서비스를 시작한 건 2015년의 일이다. 무선 네트워크와 압축 기술 발달 등의 도움으로 모바일로 동영상을 매우 자유롭게 이용할 수 있는 환경이 최근에서야 구축됐다.

왜 동영상일까? 답은 매우 간단하다. 모바일 콘텐츠 유통을 장악하고 있는 구글과 페이스북, 네이버 등이 동영상을 매우 좋아하기 때문이다. 그들은 광고 등 동영상으로 벌어들이는 수입이 텍스트 콘텐츠보다 훨씬 많고, 앞으로도 더 많이 벌 수 있다고 생각하기 때문이다.

시장의 표준을 정해가는 1위 업체들이 사람들의 동영상 소비를 늘리기 위해 많은 인력과 돈을 투입하고 있다. 페이스북은 알고리즘으로 동영상을 타임라인에서 더욱 잘 보이게 조절하고 있고, 구글은 유튜브를 앞세워 지구에서 가장 큰 글로벌 TV STATION을 만들려고 하고 있다. 네이버 역시 구글이나 페이스북 등에는 뒤져 있지만, 나름 동영상을 확보하려고 애를 쓰고 있다.

발표를 하기 위해서 기본적으로 파워포인트를 사용하고 있는 것처럼 콘텐츠를 만드는 일에 살짝 발을 걸치고 있는 수준의 사람일지라도 이제는 동영상을 만들 줄 알아야 하는 시대가 이미 코앞에 와 있다. 기획, 편집, 촬영, CG 중에 이 것 하나라도 가능해야 사람대접을 받을 수 있을 것이다.

개인적으로 콘텐츠의 미래에서 한 가지 궁금한 건 AI가 어떤 영향을 미칠까 하는 부분이다. 판례와 법전을 꿰뚫고 있는 인공지능의 판결이 판사보다 공평할 것 같고, 모든 임상 기록과 최신 기술이 접목된 시술 기계가 웬만한 의사보다 더 믿음직스러울 것 같고, 각종 데이터와 과거 패턴까지 분석한 인공지능의 주식 투자가 펀드매니저보다 훨씬 더 정확하고 윤리적일 것 같다.

그런데 콘텐츠 제작에 있어서 특히 오리지널 동영상 콘텐츠 제작에서 AI가 어디까지 들어오게 될지 답이 잘 서지 않는다. 현장에서 연출하고, 감동적인 인터뷰를 끌어내고, 사람들의 웃음을 뽑아내야 하는 작업에서 로봇의 몰감성적인 지휘가 얼마나 공감을 끌어내는 영상을 만들어 낼 수 있을지 모르겠다.

인공지능이 만든 영화를 보거나 로봇이 만든 드라마를 본다는 것은 아직은 상상이 안 된다. 그렇다면 지금은 동영상 제작 분야가 노동 강도가 세고, 비인간적인 삶을 각오해야 하는 곳으로 악명이 높지만, 미래에는 기계의 침범을 덜 받는 청정 구역으로 남아서 사람들이 대접받는 분야가 될지도 모르겠다.

2018년 3월
권영인

멀리 내다보며
일하기

●

기자라는 직업으로 15년 가까이 살면서 이 직업에 대해 개인적으로 두 가지 감정이 든다. 일단 '자부심'을 느낀다. 24시간 경찰서를 도는 수습기자 시절부터 진실을 파헤치기 위한 '집념'과 끝까지 버티는 '지구력'을 배웠다. 뉴스 시작 10분 전에 화재가 나도 어떻게든 소식을 생방송으로 전하는 '순발력', 전국적인 이슈를 만들어 내는 '큰 배포', 강한 권력과 싸울 때 필요한 '정의감'과 '패기'도 기자 생활 덕분에 배울 수 있었다. 힘들었지만 특종을 터뜨리며 세상을 바꾸는 보람을 느끼기도 했다. 내가 기자인 것이 자랑스럽다는 생각엔 변함이 없다.

동시에 기자라는 일을 하면 할수록 '내가 무언가를 잃고 있구나.' 라는 생각도 들었다. 따뜻한 감성보다는 차가운 냉철함을 요구하는 일이다 보니 갈수록 공감 능력이 무뎌지는 것 같았다. 현장에서 시신도 자주 보고, 죽도록 억울한 제보자도 자주 보다 보니 놀라야 할 일이 놀랍지 않게 되었다. 슬퍼야 할 일도 슬프지 않게 되었다. 냉혈 인간처럼 차가워지는 스스로가 싫을 때도 있었다. 심지어 사람들이 쓰레기에 빗대 '기레기'라고 폄하하기에 이르렀지만 그리 대수롭지 않게 여겨질 만큼 둔감해졌다.

변화에도 둔감해지는 것 같았다. 세상은 갈수록 인터넷과 SNS로 연결되고 있는데 내가 제작하는 〈SBS 8뉴스〉 꼭지는 10년 전과 별반 다르지 않은 것 같았다. 늘 같은 생활의 반복이었다. 이러다 대중과 소통하고 공감하는 능력이 퇴화된 나머지, 나만 시대에 뒤처지는 게 아닐까 하는 걱정이 들었다.

그러던 중 다행히도 스브스뉴스라는 인연을 만났다. 새로운 트렌드에 발맞춰 젊은 감각의 콘텐츠를 만드는 일은 정말 신세계였다. 젊은 인턴 대학생들과 에디터들 덕분에 퇴화된 공감 능력이 되살아나는 것 같았다. 좀 서툴러도 그 친구들은 내가 갖지 못한 순수함과 진정성을 갖고 있었다. 그들과 동화되면서 공감과 진정성의 가치가 얼마나 큰 것인지 눈뜨게 되었다. 스브스뉴스와의 인연도, 이 책의 출판도 그들 덕분에 가능했다. 이 자리를 빌려 부족한 내게 진정 소중한 것들을 가르쳐 준 인턴과 에디터, 작가님들께 감사의 마음을 전하고 싶다.

스브스뉴스는 정통 뉴스의 한계를 극복하기 위한 실험에서 출발했다. 기자들이 보통 취재하지 않는 것도 젊은이들이 관심 갖는 내용이라면 아무리 가벼운 것이라도 적극 취재했다. 새우와 바퀴벌레의

조상이 같은지 알아내기 위해 인턴과 머리를 맞대고 전문가를 찾았던 우스운 기억이 눈에 선하다. 취재 기자들이 천편일률적으로 쓰는 딱딱하고 객관적인 표현의 틀도 깼다. ㅋㅋ, ㅠㅠ 등 감성 돋는 채팅 용어도 썼고 뉴스를 1인칭으로 전하기도 했다. 기자답지 않은 콘텐츠를 만드는 데 대한 내부의 반발도 있었지만 버텨 낼 수 있었던 건 그 순수한 친구들의 눈빛과 열정에서 미디어의 미래를 발견했기 때문이다.

이제 만으로 3살 된 스브스뉴스를 이끌면서 스스로에게 새로운 과제를 부여했다. 바로 '멀리 내다보기'다. 어찌 보면 나를 포함해 대부분의 기자들이 어려워하는 것 중 하나가 멀리 내다보고 일하는 것 같다. 하루하루가 전쟁 같은 기자들은 오늘 마감 시간을 맞추는 것에 전력투구해야 한다.

마감 시간을 맞추고 나면 그날 쌓인 스트레스 풀기 바쁘고, 이어서 다음 날 마감을 맞추기 위한 또 다른 전쟁이 나서야 하는 게 숙명이다. 그러다 보니 '궁극적으로 추구하는 것'이 무엇인지 망각하고 일하기 십상이다. 정신없이 살다 보면 왜 기자가 되려 했는지 초심도 잊게 되는 것 같았다. 그래서 기자들끼리는 '오늘만 사는 하루살이 같은 신세'라며 한탄하기도 한다.

사실 스브스뉴스도 멀리 내다보고 체계적으로 운영하지 못했다는 비판을 받은 적도 있었다. 정체성의 혼란을 겪기도 했다. 궁극적으로 추구해야 할 가치가 무엇인지 잘 모르겠다는 푸념도 내부 직원들 사이에서 나왔다. 시스템보다는 개인기에 의존한다는 비판도 있었다. 드나드는 사람의 색깔에 따라 콘텐츠의 색깔도 오락가락했다. 스브스뉴스가 가야 할 정확한 방향을 제시하지 못한 데 대한 무거운 책임을 느낀다.

스브스뉴스는 아직 성공이라고 할 수 없다. 걸음마를 뗀 신생 대안 미디어에 불과하다. 2018년 초 스브스뉴스를 비롯해 SBS 뉴미디어국의 콘텐츠 제작을 전담하는 역할을 맡은 자회사 'SBS디지털뉴스랩'이 공식 출범했다. 작은 회의실 한 편을 빌려 시작한 실험적인 프로젝트가 이제 겨우 첫 결실을 맺었다. 이제 멀리 내다보고 달려갈 수 있는 토대가 마련됐다. 소기의 성과를 거둔 스브스뉴스는 이제 제 2의 도약을 준비하고 있다. 두 번째 무대에서는 차분하게 멀리 내다보고 가려고 한다. 약간 느려도 우직하게 걸음걸음을 옮기면서 가야 할 길을 묵묵히 갈 것이다. 광활한 사막에서 밤하늘의 북극성을 보고 쫓아가듯이 우리는 뚜렷한 방향을 정하고 그걸 쫓을 것이다.

이 책은 스브스뉴스를 기획하고 운영하면서 좌충우돌하며 깨우친 것들의 기록이다. 모두 젊은 인턴 기자, 에디터, 디자이너, 작가님들로부터 배운 것들이다. 다시 한 번 스브스뉴스를 위해 힘써 주고 많은 것을 가르쳐 준 젊은 주역들에게 감사함을 표한다.

2018년 3월
하대석

피디, 기자에게 한 수 배우다

얼마 전 피디 일을 하는 대학 동기들과 저녁을 함께 한 적이 있다. 그들은 지상파 3사를 대표하는 나름 스타 피디들이었다. 교양과 예능 분야에서 각자 꽤 유명한 프로그램을 연출했다. 하지만 그날 저녁 동기 피디들의 이야기는 우울했다. 우울함의 한가운데 '우리(방송)가 변할 수 있을까?'라는 고민이 있었다.

불과 5년 사이에 미디어 환경은 모든 것이 변했다. 시청자와 독자는 전례 없는 방식으로 미디어 콘텐츠를 소비하고 있다. 새로운 미디어 세상에 대응하기에 전통 미디어의 머리는 굳었고, 몸은 무겁기만 했다. '이 위기를 어떻게 극복할 수 있을까?' 피디들은 고민했지만 답을 쉽게 찾을 순 없었다.

기자들은 어떨까? 뉴스 콘텐츠는 더 가혹한 상황에 직면해 있다. 내가 몸담고 있었던 방송사에서 4차 산업혁명을 주제로 직원 특강이 열렸다. 이날 특강자로 초대된 한 대학교수는 자신의 수업을 듣는 100여 명의 학생들에게 이렇게 물었다고 한다. "최근 1년 동안 TV나 라디오를 통해 지상파의 저녁 메인 뉴스를 시청하거나 청취한 사람이 있는가?" 놀랍게도 시청한 경험이 있다고 손을 든 학생은 열 명도 채 되지 않았다고 한다.

사실과 진실을 추구하는 저널리즘의 특성상 뉴스 콘텐츠는 변화에 보수적이다. 너무 익숙한 건 지루하고, 전혀 새로운 것은 위험하다. 묵직하게 지켜야 할 가치와 눈길을 끌어야 할 흥미 사이에서 뉴스 콘텐츠는 갈팡질팡하기 일쑤이다. 전통 미디어 권력 해체의 시대, 20년차 피디가 보기에 기자들의 사정은 더 딱해 보였다. 적어도 스브스뉴스가 나오기 전까지 그랬다.

스브스뉴스는 지상파 뉴스 콘텐츠가 타고난 경직성의 한계를 보기 좋게 무너뜨렸다. 동시에 뉴스 콘텐츠가 저널리즘의 전통적 가치에만 갇혀 있을 수밖에 없다는 나의 편견도 지워 버렸다. 게다가 이 책을 읽으면서 미디어 콘텐츠 제작자로서 어떻게 변화에 대응해야 할지를 크게 배웠다.

변화에 대응하는 첫 번째 방법은 자기를 부정하는 것이다. 혁신이란 봉우리에 오르는 일은 먼저 절벽 아래로 떨어지는 것으로부터 시작해야 한다. 스브스뉴스는 'SBS' 대신에 '스브스'란 이름을 붙이면서 지상파 방송 뉴스라는 기득권에서 뛰어내렸다. 그리고 뉴스 콘텐츠를 만드는 모든 관습과 기준을 해체하기 시작했다.

변화에 대응하는 두 번째 방법은 '업(業)'의 정의를 새롭게 하는 것이다. 나의 일을 어떻게 정의하느냐에 따라 일의 내용과 방향이 달라진다. 스브스뉴스는 '스토리'란 관점에서 뉴스를 새롭게 바라봤다. 이들이 새롭게 정의한 뉴스는 '전해 주고 싶은 이야기'였다. 새로운 정의는 이야기를 전할 대상은 누구인지, 그래서 거기에 어떤 가치와 공감을 담을 것인지를 자연스럽게 끌어냈다.

변화에 맞서는 세 번째 방법은 도전과 경험을 축적하는 것이다. 너무나 빠르게 변화하는 세상이다. 이전의 경험을 따라 하는 것은 더 이상 길이 되지 않는다. 왕도가 있다면 계속 도전하고 그 경험을 새로운 도전의 기반으로 삼는 것뿐이다. 이것이 스브스뉴스의 '카드뉴스'와 '크라우드 펀딩 프로젝트'가 성공한 배경이었고, 최근 '뉴스 드라마'란 장르를 실험한 이유였다.

스브스뉴스 탄생의 주역들이 쓴 이 책에는 이 밖에 콘텐츠 제작자가 알아야 할 귀한 이야기들이 담겨 있다. 책의 마지막 장을 넘기며 깨닫게 된 사실은 세바시 피디로서 지난 7년간 얻은 지식과 경험이 이들과 다르지 않다는 것이다. 먼저 책을 내지 못한 것이 한스러울 뿐이다.

〈세상을 바꾸는 시간, 15분〉 PD 구범준

한국 미디어 생태계의 혁신, 스브스뉴스

여기 우리 모두가 사랑하는 기술이 하나 있습니다. 이 기술에 대한 비판도 거셉니다. 그 비판을 들어 보죠. 이 기술은 세상에 없던 새로운 형태의 범죄를 가능케 했습니다. 이 기술은 과거에 없던 질병 또는 병리적 현상을 확산시키는 데 기여하고 있습니다. 우리 사회의 안정을 파괴하기도 합니다. 이 기술은 지역 문화와 정체성을, 심지어 지역 언어를 파괴하기도 합니다. 이 기술은 지역 상거래를 붕괴시킵니다. 이 기술은 때론 상호 존중하는 사회 문화를 훼손하기도 합니다. 이 기술은 경우에 따라서는 극단적이고 사회에 위험한 생각이 확산하는 데 일조합니다. 이러한 비판을 듣고 있는 또는 들었던 기술이 무엇일까요?

마틴 루터에 의해 상용화된 출판 기술 그리고 책이 이러한 비판을 들었습니다. TV가 출현했을 때 TV 기술 또한 위의 비판을 피할 수 없었습니다. 철도가 생겼을 때도 유사한 비판의 목소리가 커졌습니다. 철도가 질병을 확산하고 지역 문화를 파괴시켰다? 철도가 극단적이고 사회에 위협적인 이데올로기 확산에 기여했다? 쉽게 납득할 수 없는 비판입니다. 산업혁명의 상징, 인류의 이동성을 진일보시킨 기차가 새로운 형태의 범죄를 가능케 하고, 지역 상거래를 붕괴시켰다? 동의하기 어렵습니다. 서울과 평창을 연결하는 KTX, 부산과 서울 그리고 서울과 광주를 연결하는 KTX, 과거에는 상상할 수 없었던 수준으로 생활을 편리하게 만들었고 때론 우리의 자랑이기도 합니다. 서울에서 광주와 부산을 찾을 때 기차를 타지 않고 비행기를 탈 때면 환경에 부정적 영향을 미쳤다는 죄책감이 들곤 합니다. 그런데 앞서 말한 비판들 모두 기차와 철도에 가해졌던 비판이었습니다.

지금은 우크라이나 영토에 속하는 크림반도. 1853년과 1856년 이 땅에서 러시아, 프랑스, 영국 등이 피의 전쟁을 일으켰습니다. 우리가 기억하고 있는 영국 나이팅게일이 활약한 곳이 바로 크림전쟁의 싸움터였습니다. 크림전쟁은 인류가 철도, 전보 그리고 전쟁(사진) 보도 등 현대 기술이 사용된 최초의 전쟁으로 알려져 있습니다. 철도는 전쟁뿐 아니라 집단 학살에도 이용되었습니다. 바로 홀로코스트죠. 철도는 지역과 지역을 연결하는 물류를 혁신하면서 자급자족 경제를 붕괴시키는 데 결정적 역할을 했습니다. 이로 인해 지역의 상거래 질서가 붕괴되었고 지역 문화에 큰 변화가 가능했습니다. 위험한(?) 생각의 확산에도 철도는 기여했습니다. 철도로 인해 종이 신문은 처음으로 영국에서 전국 배달망을 구축했습니다. 철도가 없었다면 지역 신문이 전국 신문으로 발전할 수 없었을 것입니다. 종이 신문은 철도의 도움으로 한 지역에 존재하는 특정 사상과 관점을 전국으로 확산시키는 역할을 했습니다.

그러나 오늘날 우리 사회가 철도의 도움으로 얻고 있는 유익은 앞서 설명한 철도가 야기한 심각한 문제를 상쇄합니다. 특정 기술이 가져온 문제, 이에 대한 정당한 비판 그리고 이 기술이 선사한 유익, 이러한 구도로 기술을 바라보는 방식은 소셜미디어에도 동일하게 적용할 수 있습니다. 철도와 소셜미디어 사이에는 또 다른 유사성이 있습니다.

    소셜미디어와 유사하게 철도 또한 인간 상호작용의 방식을 바꿨습니다. 인류를 철도를 통해 처음으로 달리는 철도에서 모르는 타인과 매우 오랜 시간 서로를 매우 가까이 마주 봐야 했습니다. 다른 도시를 방문하기 위해서는 모르는 타인과 동행하는 일을 피할 수 없었습니다. 모르는 타인이 코앞에 앉아 있다 다음 역에서 갑자기 사라지기도 합니다. 지금은 익숙한 모습이지만 철도 여행을 인류가 처음으로 경험했을 때 이는 작지 않은 문화 충격이었습니다. 기차 여행이 설렐 때도 있습니다만, 이는 목적지 또는 떠남이 주는 설렘이지 기차 객차가 주는 설렘은 아닐 것입니다. 객차에 동승한 타인의 무례한 행동을 여러 차례 겪어 보았기 때문입니다. 경제적 여건이 허락한다면 무궁화호보다 KTX를 선호하는 것은 시간을 절약하기 위함이고도 하지만 가능하다면 인간 상호작용을 줄이고자 하는 것이 우리 속내입니다.

마샬 맥루한(Marshall McLuhan)은, 모든 뉴미디어는 올드미디어를 담는 그릇으로부터 시작한다고 했습니다. 종이 신문을 웹에 PDF로 담아내고, 방송의 8시 뉴스를 있는 그대로 인터넷으로 옮겨 놓고 있는 모습은 인터넷 초기뿐 아니라 지금도 종종 볼 수 있는 풍경입니다. 철도의 객차 또한 그랬습니다. 마차의 객차를 서로 연결했죠. 객차와 객차 사이에 통로는 없었습니다. 선로 위에 마차를 쭉 연결하고 그 맨 앞을 말이 아닌 증기기관으로 대체했을 뿐이었죠. 객차를 서로 연결하는 통로가 만들어질 때까지 인류는 60년의 시간을 필요로 했습니다. 60년 동안 단절된 객차의 불편함을 해결하기 위한 다양한 혁신과 변화의 시도들이 있었습니다.

2015년 이후 한국 미디어 생태계에서도 객차와 객차를 연결했던 혁신, 새로운 인간 상호작용에 놀라고 때론 그 부정적 효과와 싸우면서 새로운 관계를 형성하고자 노력했던 혁신을 만날 수 있었습니다. 바로 SBS 스브스뉴스의 탄생과 성장입니다. 스브스뉴스는 뉴미디어를 단지 올드미디어를 담아 놓는 그릇으로 제한하지 않았습니다. 스브스뉴스는 소셜미디어를 사회 구성원이 서로를 이해하고 서로에게 영감을 주는 새로운 도구로 받아들이도록 도왔습니다. 뉴미디어와 소셜미디어 역시 결코 간단치 않은 다양한 문제를 야기하고 있습니다. 이러한 문제와 싸우면서 뉴미디어와 소셜미디어는 진화하고 또 진화할 것입니다. 이를 위해서는 뉴미디어와 소셜미디어의 사회 유익이 커야 합니다. 저널리즘의 가치가 뉴미디어와 소셜미디어에서 더욱 커져야 합니다. 여기에 SBS 스브스뉴스의 과제가 있습니다. 여기에 SBS 스브스뉴스의 혁신이 지속되기를 간절히 바라는 마음과 기대가 있습니다.

이 책은 SBS 스브스뉴스가 탄생하고 성장하면서 겪었던 갈등, 아픔 그리고 기쁨을 담고 있습니다. 이를 애틋하게 기록한 권영인 기자와 하대석 기자에게 SBS 스브스뉴스 팬의 한 명으로서 감사의 인사를 전합니다.

메디아티 대표 강정수

1.2초 : 찰나의 유혹

1판 1쇄 인쇄 2018년 3월 7일 **1판 1쇄 발행** 2018년 3월 14일

지은이 권영인, 하대석
발행처 도서출판 혜화동 **발행인** 이상호
편집 권은경
주소 경기도 고양시 일산동구 위시티4로 45, 405동 102호
등록 2017년 8월 16일 제2017-000158호
전화 070-8728-7484 **팩스** 031-624-5386 **전자우편** hyehwadong79@naver.com
ISBN 979-11-962056-1-4 03320 책값은 뒤표지에 있습니다.

이 도서의 국립중앙도서관 출판예정도서목록(CIP)은 서지정보유통지원시스템 홈페이지(http://seoji.nl.go.kr)와 국가자료공동목록시스템(http://www.nl.go.kr/kolisnet)에서 이용하실 수 있습니다. (CIP제어번호 : CIP2018007220)

• 이 책은 관훈클럽신영연구기금의 도움을 받아 저술·출판되었습니다.
• 잘못된 책은 바꾸어 드립니다.